MULTIPLE CHOICE
O LEVEL

FRENCH

by
W. Giles Jones

CELTIC REVISION AIDS

CELTIC REVISION AIDS
Lincoln Way, Windmill Road,
Sunbury on Thames, Middlesex

© C.E.S. Ltd.

First published in this edition 1979

ISBN 017 751178 8

Printed in Hong Kong

CONTENTS

PREFACE

Translation exercises
In the fifty items of this section, the pupil is asked to
to pick the best translation of the words in italics.

Reading comprehension tests
Each test consists of two passages, each with questions,
and six or seven short items. The short items are of two
types: (a) Filling in the blank with the most suitable
word or phrase;
and (b) Choosing the most appropriate response to
a given statement.

Listening comprehension tests*
It is recommended that the passages, questions and short
items in this section be read twice. The pupil should see
only the tests (beginning on page 52), and preferably
only after the first reading. Some teachers may find it
convenient to divide the passages into two sections.

Before each of the short items, the teacher should indi-
cate which type of item it is by asking *Qui parle?* etc.
For the 'response'-type items, the teacher should say
'Choisissez la réponse qui convient le mieux'.
One answer only is asked for.

*The first three passages are adapted with permission from *Chez Nous*
published by Mary Glasgow Publications Ltd.

TRANSLATION EXERCISES

In this section, choose the BEST translation of the words or phrases in italics.

1. Une jeune fille *agréable*
    A   good-looking
    B   agreeable
    C   nice
    D   acceptable

2. *Ils se mirent en route*
    A   they put themselves on the road
    B   they set off
    C   they stood on the road
    D   they started running

3. *La rue principale*
    A   main road
    B   principal street
    C   main street
    D   chief street

4. *J'ai faim*
    A   I am thirsty
    B   I am famous
    C   I am hungry
    D   I am married

5. *Elle vient de terminer son livre*
    A   she is coming to finish her book
    B   she is coming to spend her pound
    C   she has just finished her book
    D   she has finished her book

6. *Il travaillait depuis une heure*
    A   He has been working for an hour
    B   He had been working for an hour
    C   He used to work for an hour
    D   He was working for an hour

7. *Aller en excursion* dans les montagnes
   - A   go for a trip
   - B   go on an excursion
   - C   go out
   - D   go for a walk

8. Pierre est *un bon chauffeur*
   - A   a good chauffeur
   - B   a good heater
   - C   a good driver
   - D   a real road-hog

9. *Les bas-quartiers* de Strasbourg
   - A   the low-lying parts
   - B   the slums
   - C   the poor area
   - D   the stocking factories

10. *"Circulation interdite"*
    - A   forbidden circulation
    - B   traffic prohibited
    - C   no thoroughfare
    - D   traffic block

11. Mettez les livres sur *la bibliothèque*
    - A   library
    - B   book-case
    - C   book-shop
    - D   collection

12. *Dans une huitaine de jours*
    - A   in about eight days
    - B   in the course of the week
    - C   in a week or so
    - D   next week

13. *Je m'adressai à* Monsieur Loyal
    - A   I wrote to
    - B   I spoke to
    - C   I appealed to
    - D   I enquired of

14. *Bien sûr que non!*
    - A   surely not!
    - B   yes indeed!

C   of course not!
D   I am not too sure!

15. *Mettre le couvert* dans la cuisine.
    A   cover the table
    B   put the lid on
    C   lay the table
    D   take cover

16. *Être en train de lire.*
    A   to be reading in a train
    B   to read in a good mood
    C   to be reading
    D   to read very quickly

17. *Le lendemain*
    A   tomorrow
    B   the next day
    C   the day after tomorrow
    D   overnight

18. *Le ciel est couvert*
    A   the sky is covered
    B   there are shadows in the sky
    C   it's pouring with rain
    D   the sky is overcast

19. *Je suis pressé* ce matin
    A   I'm in a hurry
    B   I've been squeezed
    C   I am under pressure
    D   I am tense

20. *Il met le moteur en marche*
    A   he makes the engine go
    B   he makes the car go
    C   he works the machine
    D   he starts up the engine

21. *La première représentation de la pièce*
    A   the first performance of the play
    B   the first exhibition of the room
    C   the first representation of the play
    D   the first showing of the piece

22. *Vérifier le niveau d'huile*
    A to make sure there is oil in the car
    B to change the oil
    C to check the oil level
    D to verify the oil level

23. Quatre policiers *entrèrent en courant*
    A came in, running
    B ran in
    C entered the race
    D went into the water

24. Ils ont emmené Paul *à la place de Pierre*
    A to Peter's place
    B instead of Peter
    C to Peter's square
    D to make way for Peter

25. *"De quoi s'agit-il?"* demanda Pierre
    A whom does it concern?
    B what is at stake?
    C what are you worried about?
    D what's it all about?

26. *"Je vous dérange,* madame?" demanda Marie
    A Am I driving you out of your mind?
    B Am I disturbing you?
    C May I move you?
    D Have I disarranged your hair?

27. *Je m'en occuperai*
    A I'll see to it
    B I'll mind my own business
    C I shall be occupied
    D I shall occupy it

28. *Elle s'est levé les yeux* vers le jeune homme

    A she looks up
    B she rolled her eyes
    C she looked up
    D she made sheep's eyes

29. *Dès mon retour,* j'irai voir maman
    A when I return
    B immediately I get back

C since I got back
D when I turn back

30. *Le café était plein de monde*
    A everyone was in the café
    B the café was full of servants
    C the café was full of people
    D the café was a fashionable place

31. *"Surveille ta petite soeur, veux-tu?"*
    A survey
    B look at
    C supervise
    D keep an eye on

32. *Dix heures venaient de sonner*
    A it was coming up to ten o'clock
    B it had just struck ten
    C ten hours had just gone by
    D they came to strike ten

33. *Il restait là à regarder les gens*
    A he rested there and watched the people
    B he stayed there, looking at the people
    C he was staying there to look at the people
    D he was left looking at the people

34. *Il se rend compte*
    A he gives an account
    B he considers himself
    C he realises
    D he thinks

35. *Il se passait quelque chose de bizarre*
    A something funny was going on
    B he passed some odd goings-on
    C he could do without oddities
    D something odd happened

36. *On entendait des voix au loin*
    A we heard voices
    B you could hear people talking
    C voices were heard
    D you could listen to people talking

37. "Attention *chien méchant!*"
   A naughty dog
   B beware of the dog
   C poor dog
   D our dog is vicious

38. *Il va faire jour* bientôt
   A it'll be light
   B it'll be broad daylight
   C he will get some light on the matter
   D he will solve the problem

39. *J'ai vu le jour à Paris*
   A I saw Paris during the day
   B I understood things in Paris
   C I was born in Paris
   D I saw the sun rising in Paris

40. *Je l'ai acheté bon marché*
   A I bought it in a good market
   B I bought it cheap
   C I bought it in an auction
   D I bought a good market

41. *Mêlez-vous de vos affaires*
   A stick to your own girl-friends
   B meddle in your affairs
   C do you mind?
   D mind your own business

42. *Que veut dire ce mot français?*
   A what does this French word mean?
   B what does this mad Frenchman want to say?
   C what is this Frenchman trying to convey?
   D what can this French word convey?

43. *A perte de vue*
   A until you lose your sight
   B until the view recedes
   C a visible loss
   D as far as the eye can see

44. *Ça ne fait rien*
   A it doesn't do anything
   B it doesn't matter

C   that fellow doesn't do a stroke
D   it was of no importance

45. Mon frère *est dans le vent*
    A   is in the wind
    B   airs his views
    C   is absent-minded
    D   is "with it"

46. *Il vaut mieux* aller à la banque
    A   he is worth more
    B   it is better
    C   it is worth more
    D   it is useless

47. Il roule toujours *à fond de train*
    A   at the end of the train
    B   at top speed
    C   in the goods waggon
    D   as fast as a train

48. *Il a touché beaucoup d'argent* à la fin du mois
    A   he touched a lot of silver
    B   he touched a lot of money
    C   he received a lot of money
    D   he received a lot of silver

49. *Vous êtes mal tombé*
    A   shame! you've fallen!
    B   you've been unlucky
    C   you fell badly
    D   you fell ill

50. Le garçon va *faire le tour du parc*
    A   build a tower in the park
    B   do a turn in the park
    C   walk round the park
    D   take the long way round the park

READING COMPREHENSION TESTS

TEST 1
PASSAGE A

Une pauvre femme alla un jour consulter un chirurgien dans son somptueux appartement de la rue de la Chaussée d'Antin. La consultation terminée, elle glissa timidement sur la table une pièce de cent sous et se disposait à sortir, lorsque le chirurgien la rappela de sa grosse voix: — Madame! . . .

L'infortunée, qui avait probablement beaucoup travaillé pour amasser cette maigre somme, se retourne, convaincue que le chirurgien va la lui reprocher. Mais lui, avec sa brusquerie ordinaire:- Qu'est-ce que cela signifie? Vous me donnez cent francs et vous n'attendez pas que je vous rende la monnaie! En même temps, il lui glisse, malgré elle, quarante francs dans la main et la pousse dehors.

1. Pourquoi la femme est-elle allée à la Chaussée d'Antin?

    A   parce qu' elle voulait acheter un appartement
    B   parce qu' elle était très pauvre
    C   parce qu' elle voulait voir un médecin
    D   parce qu' elle travaillait pour un chirurgien

2. Qu'est-ce qu'elle a fait d'abord après la consultation?

    A   elle a payé
    B   elle est sortie
    C   elle a glissé sous la table
    D   elle a dit au revoir

3. Elle pense que le chirurgien va dire:

    A   qu'elle a trop payé
    B   qu'elle n'a pas payé
    C   qu'elle n'a pas assez payé
    D   qu'elle est sans fortune

4. Qu'est-ce que le chirurgien a compris?

    A   que la femme n'est pas riche
    B   qu'elle a payé cent francs
    C   qu'elle ne veut pas de monnaie
    D   qu'elle est brusque

5. Que fait-il?

A   il accepte l'argent de la femme
B   il lui serre la main
C   il lui donne de l'argent
D   il jette quarante francs après elle

TEST 1
PASSAGE B

Par une matinée d'octobre douce et brumeuse, les trois garçons descendirent à la gare de Tours. Après avoir demandé au contrôleur où se trouvait la bibliothèque, ils s'y rendirent tout de suite et entrèrent dans le vestibule.

La salle de lecture était vaste. Une douzaine de lecteurs, assis autour de longues tables chargées de livres et de journaux, avaient levé les yeux et souriaient en apercevant ce jeune trio silencieux. Intimidés par les rayons chargés de livres jusqu'au plafond et par les regards fixés sur eux, les garçons n'osaient faire un pas. "Que désirez-vous, mes enfants?" fit une voix. C'était celle d'un vieil homme chauve, assis sur une sorte d'estrade.

Philippe s'avança, suivi de ses camarades, et se planta devant le bibliothécaire. "S'il vous plaît, monsieur," dit-il, "nous voudrions voir les vieux manuscrits et les vieilles chroniques dont notre professeur d'histoire nous a parlé."

"Venez avec moi," répondit le vieillard.

Dans une salle voisine, il leur montra de très vieux manuscrits. Les amis s'intéressaient surtout à la chronique du monastère des bénédictins; ils voulaient savoir ce qu'elle pouvait bien dire du trésor qui, selon la tradition, était caché là.

Ils se penchèrent sur le précieux volume. Quelle déception! La chronique était en latin. Encouragé par l'amabilité du vieillard, Philippe le pria de traduire le passage relatif au trésor et même de le transcrire sur une feuille de papier.

"Vous comprenez, monsieur," dit Philippe, avec une naiveté touchante, "nous voudrions découvrir nous-mêmes ce trésor."

6. Quel temps faisait-il?

A   c'était tôt le matin
B   il faisait un peu de brouillard
C   il faisait très beau
D   c'était l'automne

7. Que voulaient trouver les garçons?

   A   un bâtiment où il y avait des livres
   B   des rayons pleins de livres
   C   un magasin ou l'on vendait des livres
   D   un contrôleur de bibliothèque

8. Qui était assis autour des tables?

   A   des professeurs universitaires
   B   trois jeunes garçons
   C   des personnes qui lisaient
   D   des gens qui riaient

9. Des tables **chargés** veut dire:

   A   des tables qui avaient coûté cher
   B   des tables sur lesquelles il y avait quelques papiers
   C   des tables où il y avait beaucoup de livres
   D   des tables sur lesquelles il y avait plusieurs personnes

10. Qui était le vieux monsieur?

    A   le chef de la bibliothèque
    B   un vieux patriote
    C   un camarade de Philippe
    D   le professeur des garçons

11. Pourquoi est-ce que les garçons voulaient consulter des chroniques?

    A   ils adoraient les vieux livres
    B   ils avaient oublié où ils avaient mis leur trésor
    C   ils voulaient savoir où se trouvait le trésor
    D   ils espéraient trouver une liqueur

12. Pourquoi est-ce que les garcons étaient déçus?

    A   ils avaient trouvé une chronique précieuse
    B   le vieux monsieur n'était pas gentil
    C   ils ne savaient pas le latin
    D   il n'y avait pas de trésor

13. Qu'est-ce que le vieux monsieur a fait?

A il a écrit le passage latin sur du papier
B il a écrit le passage en anglais
C il a écrit le passage en français
D il a donné le trésor aux garçons

14. Madame Leblanc dit: "Les murs de cette maison ne sont pas très épais. On entend facilement la télévision des voisins." Son mari répond:

A Tu n'as qu'à baisser le poste, chérie.
B Je leur demanderai de déménager.
C Ça nous évite d'en acheter une.
D Tu pourrais leur demander de déplacer le poste.

15. Madame Lagrange est en train de préparer le déjeuner. Tout est prêt à part les petits pois en conserve. Elle dit à sa fille:

A Veux-tu des pois plus grands?
B Sors les petits pois congelés, s'il te plaît.
C Passe-moi l'ouvre-boîtes, veux-tu?
D On va garder les légumes pour demain, ma chérie.

16. Monsieur Leblanc trouve son fils paresseux. Il a échoué à tous ses examens. Il est en colère, et lui dit:

A Félicitations, Pierre! Je savais que tu étais intelligent.
B Tu vas être obligé de trouver du travail, mon vieux.
C Ça ne fait rien. Tu repasseras.
D C'est idiot! Et toi qui es si travailleur.

17. Jean-Paul doit arriver au club de jeunesse à huit heures. Il y arrive à neuf heures moins le quart. Il dit à ses amis:

A Je suis toujours à l'heure, moi!
B J'ai dû rentrer. J'avais oublié ma guitare.
C Le professeur va être en colère.
D Je vais me coucher tout de suite.

18. J'aime aller à la cathédrale pour entendre de la musique. Mon frère joue ---- orgues.

A aux
B des
C de l'
D du

19. Monsieur Dubois qui habite Londres va rendre visite à sa fille au Canada. Il a peur de voler. Alors il faut qu'il prenne ----

A   un aéroglisseur
B   un paquebot
C   un avion
D   un hélicoptère

20. A onze heures les enfants sortent dans le cour de l'école. C'est ----

A   l'heure du déjeuner
B   la récréation
C   la pause-café
D   l'intervalle

21. A chaque main on a quatre doigts et un ----

A   poing
B   ongle
C   pouce
D   pou

TEST 2
PASSAGE A

—Pardon, mon ami, combien faut-il de temps pour aller de Corbigny à Saint-Révérien? Le casseur de pierres lève la tête, et m'observe à travers le grillage de ses lunettes, sans répondre. Je répète la question. Il ne répond pas.

   — C'est un sourd-muet, pensé-je, et je continue mon chemin. J'ai fait à peine une centaine de mètres, que j'entends la voix du casseur de pierres. Il me rappelle et agite la main. Je reviens et il me dit:- Il vous faudra deux heures.

   — Pourquoi ne me l'avez-vous pas dit tout de suite?

—Monsieur, vous me demandiez combien il faut de temps pour aller de Corbigny à Saint-Révérien. . .Il faut ce qu'il faut! Ça dépend de l'allure. Est-ce que je connaissais votre train, moi?. . . .Alors je vous ai laissé marcher un bout de chemin et maintenant je suis fixé. Il vous faudra deux heures.

  1. Quand on veut savoir dans quelle direction il faut aller on demande:

A   un avis
B   un poteau indicateur
C   une nouvelle
D   un renseignement

2. Que pense l'auteur du casseur de pierres?

A   qu'il ne voit pas
B   qu'il n'entend pas
C   qu'il est trop occupé
D   que c'est un véritable ami

3. Que fait le casseur de pierres ensuite?

A   il fait cent mètres
B   il casse encore des pierres
C   il crie après l'auteur
D   il ne fait rien

4. Pourquoi le casseur de pierres a-t-il hésité à répondre?

A   il voulait savoir à quelle vitesse l'auteur marchait
B   il voulait voir le rapide que l'auteur allait prendre
C   il voulait aller de Corbigny à Saint-Révérien pour voir
D   il lui fallait deux heures pour savoir la réponse

5. L'auteur avait marché:

A   jusqu'à Saint-Révérien
B   quelques mètres
C   pendant deux heures
D   jusqu'à la gare

TEST 2
PASSAGE B

Cinq heures du soir. . . .l'ombre envahit déjà les vallées, là-bas. A quelques mètres, le téléski grince; un à un, les skieurs attardés par une dernière descente, émergent en plein soleil sur la crête de la Tovière. Et les cabines multicolores plongent lentement vers la station.

La foule de la journée est passée; l'heure est calme. Un peu à l'écart, quatre silhouettes ont encore leurs skis aux pieds; une tablette de chocolat circule, on ferme les anoraks, on ajuste ses lunettes.... "Prêts?" Et l'un derrière l'autre mes amis et moi nous plongeons dans la pente, vers Tignes.

La piste est déserte.

Nous nous laissons glisser dans un vallon sinueux et facile. La neige est froide, légère; elle s'envole dans le soleil à notre passage. Le vallon est silencieux, on n'entend que le choc métallique d'un bâton.

La piste oblique à droite. Tignes-le-Lac apparaît en bas, déjà dans l'ombre. Ici, le soleil s'accroche encore à la pente. Là-haut tous les sommets brillent de leurs derniers feux avant de flamber aux couleurs du couchant. Tac, tac, tac, tac... Une cabine passe sur les roues du pylône, les deux skieurs nous hèlent joyeusement: "Allons, encore un petit effort!"

6. Qu'est-ce qui arrive dans les vallées à cinq heures?

    A   il y a une invasion
    B   le soleil se lève
    C   il commence à faire nuit
    D   les skieurs commencent à grimper un à un

7. Il n'y a plus, à cette heure-ci, ----

    A   de voyageurs
    B   de calme
    C   aucun skieur
    D   beaucoup de gens

8. Que vont faire les quatre silhouettes?

    A   elles vont acheter du chocolat
    B   elles vont descendre dans la vallée
    C   elles vont prêter des lunettes
    D   elles vont écarter leurs skis

9. Qu'est-ce qu'on entend dans le vallon?

    A   on entend la neige
    B   on n'entend rien
    C   on entend le bruit des skieurs
    D   on entend des chutes de neige

10. Décrivez les sommets des montagnes.

    A   ils sont rouges
    B   ils sont à l'ombre
    C   il y a un incendie là-dessus
    D   il y fait très chaud

11. Que font les deux skieurs?

    A   ils passent devant une cabine
    B   ils bavardent avec les quatre amis
    C   ils crient en passant aux amis
    D   ils font un petit effort

12. Monsieur Lenoir a dû aller à l'hôpital parce qu'il souffrait de
    la jambe. Il a demandé à l'infirmière:

    A   Vous pourrez me guérir, monsieur?
    B   Vous voyez, je me suis cassé le doigt.
    C   Pourriez-vous m'apporter un journal, mademoiselle?
    D   Est-ce que la jambe du docteur va mieux?

13. Il fait assez chaud sur le terrain de football. Jean enlève son
    pullover et quelqu'un le vole. Jean dit:

    A   Maman sera contente. Elle adore tricoter.
    B   Les gens sont malhonnêtes ces jours-ci.
    C   Les joueurs de football sont tous des voleurs.
    D   Survoler ce terrain est superbe.

14. Pierre va être puni par le directeur du collège parce qu'il
    fume régulièrement entre les cours. Il dit à son ami:

    A   Tout le monde fume pendant les leçons.
    B   C'est mieux que de fumer pendant les leçons.
    C   Est-ce que le directeur va me rendre ma cigarette?
    D   Veux-tu être puni à ma place?

15. Monsieur Lenoir a offert à sa femme un beau manteau de
    fourrure pour leur anniversaire de mariage. Elle lui a dit:

    A   Tu as dû tuer beaucoup de lapins, chéri.
    B   C'est terrible d'atteindre la cinquantaine.
    C   Tu as dû dépenser beaucoup d'argent.
    D   Je vais avoir chaud à la tête n'est-ce pas?

16. Pierre va bientôt épouser Françoise. Il lui dit: "Maman sera alors ta ----"

   A   mère
   B   bru
   C   belle-mère
   D   belle maman

17. Je vais me promener au bord de la mer. Je vais ramasser ---- dans le sable.

   A   des coquilles
   B   des poissons
   C   des maillots de bain
   D   des châteaux de sable

18. Le fils de Monsieur Lagrange n'est pas fort en mathématiques. Il trouve beaucoup de difficulté à ---- un problème.

   A   corriger
   B   sortir
   C   trouver
   D   résoudre

TEST 3
PASSAGE A

Un jeune auteur remit à un célèbre acteur de la Comédie-Française un manuscrit attaché avec un ruban, en le priant de lire sa pièce et de lui dire franchement ce qu'il en pensait. Trois mois se passent sans nouvelles. Le jeune auteur se présente vingt fois chez le comédien sans obtenir ni audience ni réponse. Fatigué de ces visites répétées, l'acteur veut enfin s'en délivrer.

   — Ah! vous voilà, monsieur. J'ai lu votre pièce.
   — Eh bien! comment la trouvez-vous?
   — Vous exigez que je vous donne mon avis?
   — Sans doute.

   — En ce cas je vous dirai que votre pièce annonce du talent, mais qu'elle ne nous convient pas.
   — Et pourquoi?
   — Le sujet en est trop léger.
   — Mais, le dialogue?
   — Oh! il comprend des longueurs, des longueurs! Le début en est obscur, le dénouement trop brusque.
   — Enfin, selon vous, monsieur, l'ouvrage. . .?

— Annonce des dispositions, mais ne mérite pas les honneurs de la scène.

— Je vous remercie de vos observations, monsieur, mais vous me permettrez de n'en point profiter.

En disant ces mots, il dénoue le ruban qui attachait son manuscrit et fait voir à l'acteur stupéfait qu'il ne lui avait remis qu'un cahier de papier blanc.

1. Que voulait le jeune auteur?

   A   jouer à la Comédie-Francaise
   B   écrire une comédie
   C   apprendre l'avis de l'acteur
   D   lire sa pièce à l'acteur

2. Qu'est-ce qu'il obtient chez le comédien?

   A   il obtient une audience
   B   il n'obtient rien
   C   le comédien lui donne de ses nouvelles
   D   il obtient une réponse dans trois mois

3. Est-ce que l'acteur accepte la pièce?

   A   oui, il l'aime beaucoup
   B   oui, il trouve que l'auteur a du talent
   C   non, elle le fatigue trop
   D   non, elle n'est pas ce qu'il désire

4. Que pense-t-il de la pièce?

   A   il n'en comprend pas le commencement
   B   la fin est trop lente
   C   le dialogue est très vif
   D   elle devrait être jouée

5. Il **dénoue** le ruban signifie:

   A   il l'attache
   B   il le défait
   C   il le termine
   D   il le lie

6. Qu'est-ce que l'acteur avait lu?

   A il avait lu la pièce le l'auteur
   B il avait lu un document historique
   C il avait lu un cahier vide
   D il n'avait rien lu

TEST 3
PASSAGE B

M. Dubois se levait tous les matins à sept heures précises. Il se réveillait à cette heure parce qu'il en avait pris l'habitude autrefois, grâce à un réveille-matin. A huit heures, sa toilette était faite et on lui apportait son pétit déjeuner. Il s'était vite accoutumé à ce petit déjeuner à l'anglaise, mais ce à quoi il ne pouvait pas s'accoutumer, c'était la manière négligente et malpropre dont ce repas lui était servi dans ses logements successifs.

Sur un plateau recouvert d'une serviette tachée étaient disposées la théière, une tasse et deux assiettes. L'une de celles-ci portait quelques tranches de pain; l'autre un oeuf frit, dont le blanc était dur, et un morceau de lard trop cuit; le tout était baigné de graisse. Le thé, fait d'avance, était noir et amer.

Irrité et dégoûté, M. Dubois mangeait. Sa colère s'adressait en même temps à sa propriétaire qui avait préparé ce repas, au peuple anglais tout entier et à sa propre pauvreté qui le condamnait à s'y résigner.

7. Comment M. Dubois se réveillait-il?

   A à sept heures
   B précisément
   C il entendait une sonnerie
   D on le réveillait

8. Qu'est-ce qu'il faisait avant huit heures?

   A il mangeait son petit déjeuner
   B il se lavait
   C il prenait de vieilles habitudes
   D il servait le petit déjeuner

9. Qu'est-ce qu'il n'aimait pas dans ses logements?

A   le petit déjeuner à l'anglaise
B   servir le repas
C   on n'y mangeait pas assez
D   on y était sale

10. Le pain était. . . .

A   coupé en morceaux
B   des croissants
C   sous l'oeuf frit
D   baigné de graisse

11. Pourquoi M. Dubois était-il en colère?

A   son petit déjeuner était amer
B   il etait condamné
C   il n'avait pas d'argent pour loger ailleurs
D   il était trop vieux pour travailler

12. Les enfants Lagrange ont deux chats, un poisson rouge et une perruche qu'ils soignent très bien. La fille aînée dit aux autres:

A   Ça nous évitera d'appeler le vétérinaire.
B   J'ai peur que la perruche n'attaque les chats.
C   Il faut donner ces animaux au jardin zoologique.
D   Quel plaisir d'avoir une grande famille d'animaux.

13. Il fait très froid cette année. Le lac du parc est pris. Regardez, les enfants patinent là-dessus.

A   Mais pourquoi est-ce qu'on a pris le lac?
B   La glace doit être très épaisse alors.
C   C'est toujours intéressant de regarder les joueurs.
D   Mais il est interdit de marcher sur les pelouses.

14. Le soleil est très chaud aujourd'hui. Marie sort sur la terrasse. Elle se repose dans un transatlantique. Elle pense:

A   J'adore ces gros navires!
B   Je veux attraper un coup de soleil.
C   J'aime beaucoup prendre un bain de soleil.
D   Il fait toujours beau en Amérique.

15. Madame Leblanc n'aime pas éplucher les pommes de terre. Elle dit que c'est un travail —

   A   trop nauséabond
   B   trop absorbant
   C   trop salissant
   D   trop engageant

16. Le professeur écrit au tableau noir avec —

   A   de la craie
   B   un crayon
   C   un stylo à bille
   D   une punaise

17. Mes parents vont bientôt célébrer leurs noces d'argent. On prépare un grand repas qu'on prendra —

   A   à la sacristie
   B   à la mairie
   C   dans une auberge
   D   dans la cuisine

18. On ira demain au jardin zoologique, pour voir —

   A   les arbres
   B   les plantes exotiques
   C   les poupées
   D   les singes

19. Voilà les grandes vacances finies. C'est maintenant — des classes.

   A   le début
   B   le commencement
   C   la rentrée
   D   le retour

TEST 4
PASSAGE A

Un jour que j'étais en train de peindre à l'aquarelle un site qui m'intéressait, un petit bonhomme de trois à quatre ans, installé près de moi, m'accablait de questions en touchant à tout, fourrant ses mains dans mes couleurs, écrasant mes pinceaux. . . . .

Mon éponge surtout l'intéressait: il la trempait dans l'eau; la tordait, la retrempait, la tiraillait en tous sens, tant et si bien que, n'y résistant plus, ma pauvre éponge se déchira en deux.

Ne voulant pas gronder, je fis semblant de n'avoir rien vu. Mon petit bout d'homme fut d'abord interdit. Il réfléchit un instant, me regarda, puis d'un air décidé, il me tendit les deux tronçons en me disant tranquillement: Tiens, comme ça, tu en auras deux!

J'aurais autant aimé n'en avoir qu'une, mais que répondre à cette judicieuse réflexion faite avec un aplomb si parfait?

1. Comment est-ce que l'auteur s'occupait un jour?

   A   il regardait la campagne
   B   il voyageait en chemin de fer
   C   il dessinait un paysage
   D   il écrasait des pinceaux

2. Comment était le petit garçon?

   A   très bon
   B   très curieux
   C   très sage
   D   très touchant

3. **Un pinceau** sert à:

   A   mettre les couleurs sur une toile
   B   nettoyer la peinture
   C   vous pincer les doigts
   D   punir les petits garçons

4. Quand on **gronde** un enfant, on lui dit:

   A   qu'il est gentil
   B   qu'on ne peut lui résister
   C   qu'il est méchant
   D   qu'il est intéressant

5. Est-ce que le petit garçon était d'abord content de ce qu'il avait fait?

A non, on lui avait défendu de jouer avec les éponges
B non, il était très étonné
C oui, il aimait détruire les choses
D oui, il voulait une éponge pour lui

6. Pourquoi est-ce que l'auteur n'a rien dit?

A il voulait avoir deux éponges
B il était trop en colère
C il n'a rien vu
D il a trouvé le petit garçon charmant

TEST 4
PASSAGE B

Les amis, vin chaud à la main, nous accueillent à la terrasse du bar. On se regroupe à l'intérieur, au chaud, pour attendre le dîner; c'est le moment de la détente, goûté pleinement après une journée de sport. Autour d'une boisson chaude, d'un thé pour certains, d'une bière bien fraîche pour d'autres, on évoque les bons moments de la journée, on prépare les jours à venir. Joie du ski, cette amitié, cette liberté qui est le secret de la vraie détente, loin des horaires, du travail, du bus ou du métro.

Demain, nous irons peut-être en promenade, faisant notre trace dans la neige vierge. Pour les amoureux de la liberté, la montagne d'hiver offre ses vallons solitaires, ses crêtes balayées par le vent et le soleil. Le silence n'est coupé que par le cri des choucas, ou la chute d'une corniche trop chargée de neige. Le ski loin des pistes est un monde à part, qui ne se décrit pas mais que l'on n'oublie jamais.

Joie du ski? Joies, car elles sont nombreuses, et à la mesure de chacun. Compétition ou randonnée, foule ou solitude, veillées amicales ou soirées au dancing, chacun rapporte chez lui son compte de joies et de plaisirs. Le vent qui siffle, la neige qui vole, la trace qui s'allonge derrière vous, les rires joyeux et le silence. . .Le ski vous attend.

7. Que font les amis?

   A   ils se montrent contents de nous voir
   B   ils nous donnent du vin chaud
   C   ils nous mènent vers le bar
   D   ils dînent sur la terrasse

8. Comment trouve-t-on ce moment de la journée?

   A   on trouve le dîner délicieux
   B   on en profite beaucoup
   C   on est vexé en attendant le dîner
   D   c'est un bon moment pour goûter

9. Que fait-on en buvant?

   A   on pense au travail
   B   on se dit des secrets
   C   on se souvient de la journée passée
   D   on skie joyeusement

10. Qu'est-ce qui est balayé par le vent?

    A   les vallons solitaires
    B   la neige vierge
    C   le sommet des montagnes
    D   le pied des montagnes

11. Quelle sorte de promenade l'auteur aime-t-il?

    A   il aime se promener sur les pistes
    B   il aime se promener là où il n'y a personne
    C   il aime se promener sur les crêtes
    D   il aime une promenade qu'on peut décrire

12. Comment le ski peut-il plaire à tout le monde?

    A   tout le monde aime aller au dancing
    B   le ski offre des plaisirs très variés
    C   il y a toujours beaucoup de monde au ski
    D   on rit quand on vole sur la neige

13. Françoise est au lycée. Un soir, elle est en train de faire ses devoirs d'anglais et d'allemand, matières qui la passionnent. Elle pense:

   A Qu'est-ce que je m'ennuie!
   B Cette géographie est passionnante.
   C Je vais poursuivre des études de langues.
   D Il est difficile de faire ses devoirs dans le train.

14. Veux-tu que je prenne le volant? Tu dois être fatigué. Cent cinquante kilomètres, c'est long sur ces petites routes étroites.

   A Oh, non, j'adore rouler sur les autoroutes.
   B Je reste ici, mais tu peux le prendre.
   C Je trouverai un endroit où arrêter la voiture.
   D Prends-le. Tu es un motocycliste superbe.

15. Un soir, Monsieur Lenoir part en mer dans son bateau de pêche "la Mouette". Une tempête s'élève. Il dit à ses compagnons:

   A Tant mieux! Je vais être malade.
   B Est-ce que vous voyez le phare?
   C Les mouettes causent toujours des tempêtes.
   D Je vais appeler ma femme.

16. Il y a huit jours, les enfants de la famille Dubois ont commencé à prendre des leçons de piano. L'aîné, Jean-Luc, fait la remarque:

   A Je joue au concert ce soir.
   B Qu'est-ce qu'on sera content la semaine prochaine!
   C La musique me laisse indifférent.
   D J'ai toujours voulu apprendre un instrument à cordes.

17. Marie-France vient de se baigner dans la piscine. Elle est trempée. Elle dit à son amie: "Vite ---- -moi une serviette".

   A reporte
   B apporte
   C amène
   D sèche

18. Madame Lenoir veut aller en ville. Elle regarde quel temps il fait. "Il pleuvra plus tard" dit-elle "car le ciel est ----"

    A lumineux
    B couvert
    C blanc
    D sans nuage

19. Paul, qui marche depuis deux heures, est perdu en pleine campagne à dix kilomètres de la ville la plus proche. Il a faim et la nuit tombe. Il va donc ----

    A se coucher sur la route
    B faire de l'auto-stop
    C prendre le train
    D entrer dans un restaurant

20. A huit heures du matin Madame Lenoir a dit à son mari qu'il fallait mettre un imperméable. Il allait pleuvoir. Elle venait d'entendre ----

    A les informations
    B le bulletin météorologique
    C le journal télévisé
    D la dernière émission du jour

TEST 5
PASSAGE A

—Morbleu, dis-je un jour à mon domestique, c'est pour la troisième fois que je vous ordonne de m'acheter une brosse: quelle tête! quel animal! Allez chercher un linge pour nettoyer mes souliers! lui dis-je en colère.

Pendant qu'il y allait, je me repentais de l'avoir ainsi brusqué. Mon courroux passa tout à fait lorsque je vis le soin avec lequel il tachait d'ôter la poussière de mes souliers, sans toucher à mes bas; j'appuyai ma main sur lui en signe de réconciliation. Quoi, dis-je alors en moi-même, il y a des hommes qui nettoient les souliers des autres pour de l'argent! Ce mot d'argent fut un trait de lumière qui vint m'éclairer. Je me ressouvins tout à coup qu'il y avait longtemps que je n'en avais donné à mon domestique.

—Joanetti, lui dis-je en relevant mon pied, avez-vous de l'argent? Un demi-sourire de justification parut sur ses lèvres à cette demande.

—Non, monsieur, il y a huit jours que je n'ai pas un sou: j'ai dépensé tout ce qui m'appartenait pour vos petites emplettes.

1. Pourquoi le narrateur est-il en colère?

    A   son domestique ressemble à un animal
    B   son domestique n'a pas acheté une brosse
    C   son domestique a acheté trois brosses au lieu d'une
    D   son domestique a acheté un linge au lieu d'une brosse

2. Que veut-il que son domestique cherche?

    A   un vêtement
    B   un torchon
    C   des chaussures
    D   une brosse

3. Quel travail fait le domestique alors?

    A   il enlève la saleté qui est sur les souliers
    B   il nettoie les bas de son maître
    C   il met des taches sur les souliers
    D   il fait ses prières à genoux

4. Que pense le narrateur alors?

    A   que le domestique veut trop d'argent
    B   que le domestique travaille mal
    C   il a pitié de son domestique
    D   qu'il devrait allumer

5. De quoi se souvient-il?

    A   qu'il avait oublié d'éteindre les lumières
    B   qu'il n'avait pas payé son domestique
    C   qu'il avait donné de l'argent à son domestique
    D   qu'il ne pouvait pas payer son domestique

6. Depuis combien de temps est-ce que le domestique est sans le sou?

    A   plus d'une semaine
    B   il n'a jamais d'argent
    C   très longtemps
    D   une semaine

Il ètait une fois, en Belgique, un petit garçon très, très heureux; son grand-père venait de lui acheter une belle guitare. Sur le seuil de la petite maison en brique rouge, il pinçait maladroitement les cordes, cherchant à en tirer des sons mélodieux, ce qui n'est pas si facile qu'il paraît au premier abord!

Il s'appelait Salvatore Adamo. Né le 1er novembre 1943 en Sicile, il était venu, trois ans plus tard, avec toute la famille, dans ce village minier de Belgique où il y avait du travail. Très souvent, les voisins des Adamo, dans le village minier, virent et entendirent le petit Salvatore pincer la guitare, assis sur le seuil de la maison en brique rouge.

Salvatore a grandi. Il a maintenant trente-trois ans. Mais il chante encore. Il y a dix ans, sous son nom de famille, Adamo a, à une vitesse stupéfiante, conquis le public français, devenant en quelques mois une valeur sûre de la chanson.

Depuis plus d'une année déjà, Adamo était le "numéro un" en Belgique, dans sa patrie d'adoption. Mais cela ne prouve pas grand'chose, car il n'y a guère là-bas, actuellement, de concurrence vraiment dangereuse, si ce n'est celle des vedettes françaises. Adamo a eu le grand mérite de comprendre qu'il pouvait faire mieux, qu'il fallait, sans attendre, aller conquérir des lauriers en terrain difficile. Il est allé à Paris. Et c'était la grande épreuve: les professionnels de la chanson attendaient le résultat de cette confrontation avec le public français pour se prononcer. . . .et engager leurs millions. Ce fut du triomphe, du délire.

7. Où est-ce que le petit garçon essayait de jouer le la guitare?

    A   à l'interieur de sa maison
    B   à l'entrée de sa maison
    C   derrière la maison
    D   sur un mur de briques rouges

8. Comment jouait-il au début?

    A   facilement
    B   mélodieusement
    C   avec difficulté
    D   avec la main gauche

9. Pourquoi les Adamo s'étaient-ils installés en Belgique?

   A   ils ne voulaient pas travailler en Sicile
   B   il y avait du chômage en Sicile
   C   ils voulaient faire travailler Salvatore dans les mines
   D   on chantait mieux en Belgique

10. Qu'est-ce que Salvatore a fait il y a dix ans?

   A   il a eu trente-trois ans
   B   il est devenu le "numéro un" en Belgique
   C   il a plu aux Français
   D   il a pris la nationalité belge

11. Pourquoi être le "numéro un" belge ne prouve-t-il pas grand'chose?

   A   il y a très peu de chanteurs belges
   B   les chanteurs belges sont dangereux
   C   il vaut mieux être français
   D   la compétition ne prouve jamais rien

12. De quel "terrain difficile" parle l'auteur?

   A   d'un champ où l'on ramasse des feuilles de laurier
   B   du monde de la chanson populaire en France
   C   du monde de la chanson populaire en Belgique
   D   d'un endroit où il y a des épreuves de chant

13. A neuf heures du soir Madame Lagrange, la fermière, fait le tour de la ferme pour s'assurer que les animaux sont rentrés pour la nuit. Une des vaches manque. Elle dit à son fils:

   A   Je vais remplacer cette vache tout de suite.
   B   Je me demande où elle a pu passer.
   C   Je préfère laisser les vaches coucher dehors.
   D   Je vais la traire dehors ce matin.

14. Mademoiselle Lenoir, qui est assez timide, arrive à la maison de Madame Dubois. Attachée à la grille il y a une pancarte où Mademoiselle Lenoir lit: "Chien méchant". Elle se dit:

   A   Tant mieux! J'adore les chiens.
   B   J'espère qu'il ne mord pas.

C Je voudrais qu'on me detache de cette grille.
D Très bien! Madame Dubois a attaché son chien à la grille.

15. Madame Lepain est allée au marché. Elle a acheté du fromage, des oeufs, du pâté de foie. En arrivant chez elle, elle trouve que les "oeufs" sont des tomates. Elle retourne chez la marchande et lui dit:

A J'ai fait une omelette aux tomates.
B J'ai demandé douze tomates. Il n'y en a que six.
C Vous êtes toute trempée, Madame.
D Vous vous êtes trompée, Madame.

16. Je n'aime pas les régions plates, ni les grandes villes. C'est pourquoi je suis si contente de passer mes grandes vacances ici ----

A en Hollande
B dans les Alpes
C en Espagne
D sur la lune

17. En France un agent de police porte à la tête ----

A une casquette
B un capuchon
C un képi
D un casque

18. Madame Villard arrive au bureau. Elle se souvient qu'elle n'a pas fermé la porte de sa maison. Elle est ----

A handicapée
B oubliée
C distraite
D indiscrète

19. Monsieur Delanoue est atteint d'une maladie grave aux poumons. Il respire mal. Il va consulter ----

A les sapeurs – pompiers
B un dentiste
C un prêtre
D un médecin

20. On porte l'uniforme dans les collèges en Angleterre. Les garçons n'aiment pas beaucoup porter les ----

A cravaches
B cravates
C jupons
D pullovers

TEST 6
PASSAGE A

Quand, devant moi, on célèbre quelque homme riche, qui sur ses immenses revenus consacre des sommes considérables à l'éducation des enfants, à la guérison des malades, à la fondation d'asiles pour les vieillards, moi aussi je loue et j'admire.

Mais tout en louant et en admirant je ne puis pas ne pas me rappeler une pauvre famille de paysans qui avait recueilli une orpheline dans sa misérable cabane.

— Si nous prenons Jeannie, disait la paysanne, elle nous enlèvera nos derniers sous, et nous n'aurons pas même de quoi acheter du sel pour saler la soupe.

— Eh bien, nous la mangerons sans sel, répondit le paysan son mari. L'homme riche est encore bien loin de ce paysan.

1. Que font les hommes riches avec leur argent?

A ils gardent des sommes énormes
B ils font des dons d'argent à des oeuvres charitables
C ils payent une chambre à l'asile des vieux
D ils le donnent à des professeurs

2. Qu'en pense l'auteur?

A que les riches sont généreux
B que les riches sont fous
C que les riches soignent les malades
D que les riches envoient leurs enfants à des écoles privées

3. Qu'est-ce que les paysans avaient fait de l'orpheline?

A ils l'avaient admirée
B ils lui avaient donné une cabane
C ils l'avaient prise chez eux
D ils l'avaient rendue misérable

4. Pourquoi la paysanne était-elle inquiète?

A   ils avaient très peu d'argent
B   l'orpheline était voleuse
C   la soupe serait trop salée
D   son mari avait enlevé l'orpheline

5. Quelle est la morale de l'histoire?

A   que trop de sel est mauvais pour la santé
B   que les paysans sont moins généreux que les riches
C   que les paysans sont plus généreux que les riches
D   que les gens riches n'aiment pas être près des paysans

TEST 6
PASSAGE B

Un jour, François Lamballe est allé voir le directeur de son lycée. Celui-ci, qui était content de l'occasion de parler à François de l'avenir, lui a demandé: "Quels sont vos projets pour l'avenir, François? Y avez-vous pensé?" François a hésité un instant, puis il a dit: "Mon père aurait voulu me voir médecin, mais je suis malheureusement nul en sciences." Le directeur a consulté un dossier qui était sur son bureau. "Oui, et je vois que vous n'êtes pas fort en mathématiques non plus. Mais vos progrès en langues étrangères ont été tout à fait remarquables."

"C'est parce que j'ai beaucoup séjourné à l'étranger, monsieur. J'en ai profité énormément."

"Cela me fait penser à un ami à qui j'ai parlé la semaine dernière. C'est un journaliste parisien qui travaille pas mal à Londres. Vous auriez dû entendre son anglais impeccable!"

"Je m'intéresse plutôt à l'allemand, moi. Je ne manque jamais l'occasion de m'en servir. Mais qu'est-ce que je peux en faire comme carrière?"

"Vous parliez de vous faire employé de banque. Ce serait dommage." "Oui, j'ai changé d'avis. Néanmoins, mes parents veulent que je m'engage dans une carrière qui offre de la sécurité et une retraite."

"Vous avez beaucoup de choix ces jours-ci le journalisme, par exemple; mais pourquoi pas l'enseignement? Cela vous conviendrait, me semble-t-il." François, tout à fait étonné, pense que le directeur plaisante, mais celui-ci l'assure que ce n'est pas vrai, qu'il aurait, bien entendu, plusieurs années encore d'études à poursuivre. François regarde son directeur bien en face et lui dit: "Cela ne me fait pas peur. Voudriez-vous me renseigner davantage là-dessus?"

6. Quelle carrière François veut-il poursuivre?

    A   il veut être médecin
    B   il ne sait pas encore
    C   il s'intéresse aux mathématiques
    D   il veut travailler à l'étranger

7. Comment François est-il fort en langues?

    A   il a parlé avec un journaliste de Londres
    B   c'est parce qu'il est faible en sciences
    C   il a un accent impeccable
    D   il a beaucoup voyagé à l'étranger

8. Quand François utilise-t-il son allemand?

    A   il n'a jamais l'occasion de le parler
    B   chaque fois qu'il peut
    C   il préfère parler anglais
    D   il le parle de temps en temps

9. Quelle carrière le directeur envisage-t-il pour François?

    A   il veut que François travaille à la banque
    B   il veut que François soit journaliste
    C   il veut que François soit professeur
    D   il ne s'intéresse pas à l'avenir de François

10. François s'intéresse-t-il à l'idée du directeur?

    A   oui, mais il en a peur
    B   non, il ne veut pas être étudiant
    C   oui, il veut plus de détails
    D   non, il veut une carrière plus sûre

11. Madame Leblanc a passé plusieurs heures dans le jardin, assise

dans un transatlantique, à tricoter un pullover pour son petit-fils. Elle dit à sa fille:

A Il faut un très petit pullover pour mon fils.
B J'aime tricoter quand je vais en Amérique.
C Ton fils sera content, n'est-ce pas?
D Oh là là! Cette aiguille m'a piqué le doigt.

12. Jacqueline, qui visite Paris, va au marché aux puces, parce qu'elle aime les antiquités. Elle voit un joli vase en argent, qu'elle veut acheter. Elle s'écrie:

A Oh, ces puces me piquent partout.
B Quel dommage! Ce vase est plein de puces.
C J'espère qu'il ne sera pas trop cher.
D Oh, les puces se vendent cher ces jours-ci.

13. Marie-France aide sa mère à faire la lessive. La machine à laver est pleine de linge sale. Elle presse le bouton. Rien! Marie-France dit:

A Zut, j'ai oublié d'y mettre les couteaux.
B Cette machine est encore en panne.
C Voilà, le linge sera bientôt propre.
D Pardon, maman, j'ai oublié de presser le bouton.

14. Je ne vois pas clair, et mes yeux me font mal. Il faut changer ----

A de chapeau
B de pharmacien
C de place
D de lunettes

15. Cette année j'irai passer mes vacances d'été dans la montagne pour y ----

A faire du ski
B faire de la natation
C faire de l'alpinisme
D faire des plongées sous-marines

16. Au printemps on va souvent à la ferme voir sauter les petits ----

A   moutons
B   agneaux
C   chats
D   singes

17. Pierre va à un collège privé qui se trouve à deux cents kilomètres de chez lui. Il rentre pendant les vacances. Les garçons du collège sont ----

A   des externes
B   des pupilles
C   des vacanciers
D   des pensionnaires

18. Dans une quincaillerie, on peut acheter ----

A   des pilules
B   des vêtements
C   des casseroles
D   des mandats

19. Pierre a mal au coeur. Il va sans doute ----

A   manger
B   faire de la gymnastique
C   mourir
D   vomir

TEST 7
PASSAGE A

J'étais aux Tuileries, après le déjeuner des oiseaux, c'est-à-dire à l'heure où les jeunes filles en sont parties. Car — c'est une tradition — les jeunes filles de Paris invitent chaque jour les moineaux à déjeuner. Deux à deux, sur les chaises des allées du vieux jardin, elles partagent avec eux le "sandwich jambon" qu'elles grignotent en bavardant. Les moineaux le savent et descendent des marronniers quand les rires des petites employés commencent à monter vers leurs branches.

Or, pendant que je lisais, un vieux monsieur s'est assis sur mon banc, a sorti des gâteaux secs de sa poche. Il mangeait lentement, pour faire durer son plaisir. Il était un peu ridé et regardait le vide. Deux moineaux ont atterri à ses pieds et se sont mis de profil pour mieux se faire voir. Ils attendaient leur part. Le vieux monsieur mangeait sans s'en apercevoir. Les moineaux savent attendre, mais, au bout d'un moment, ils ont trouvé que cela avait assez duré.

—Cui! a fait le premier moineau d'un ton sévère.

Le vieux monsieur mâchait toujours ses gâteaux.

—Cui! a répété le moineau.

L'homme l'a ignoré. Alors le petit moineau s'est couché dans la poussière, s'agitant de son mieux comme s'il voulait faire sa toilette. Du sable a sauté partout, jusque sur les jambes du vieux monsieur. Le moineau s'est redressé, tout fier:

"Cette fois, il nous a vus!" disaient ses yeux.

Mais le vieux monsieur a épousseté son pantalon, et pris un nouveau gâteau, qu'il a mangé tout seul!

1. Que font les jeunes filles de Paris?

    A   elles mangent des moineaux au déjeuner
    B   elles nourrissent les oiseaux des jardins publics
    C   elles ont des parties aux Tuileries
    D   elles donnent tous leurs sandwichs aux oiseaux

2. Que font-elles pendant qu'elles mangent?

    A   elles grignotent
    B   elles descendent des arbres
    C   elles se promènent de long en large
    D   elles causent

3. Les moineaux, comment savent-ils que c'est l'heure du déjeuner?

    A   ils entendent manger les jeunes filles
    B   ils entendent s'amuser les jeunes filles
    C   les marrons sont prêts à être mangés
    D   ils voient des sandwichs sur les chaises

4. Pourquoi le vieux monsieur mangeait-il lentement?

    A   il n'avait pas de dents
    B   il ne voulait pas que son contentement soit trop bref
    C   ses gâteaux étaient trop secs
    D   il voulait faire attendre les moineaux

5. Au bout d'un moment, comment étaient les oiseaux?

    A   très patients
    B   impatients
    C   ils n'avaient plus faim
    D   bourrés de gâteaux

6. Pourquoi le petit moineau s'est-il agité dans le sable?

    A   pour faire sa toilette
    B   pour salir le pantalon de l'homme
    C   pour se reposer
    D   pour attirer l'attention du monsieur

TEST 7
PASSAGE B

Le jour de la 'fête approchait, et Mme Loisel semblait triste, inquiète, anxieuse. Sa toilette était prête cependant. Son mari lui dit un soir:

—Qu'as-tu? Voyons, tu es toute drôle depuis trois jours. Et elle répondit:

—Cela m'ennuie de n'avoir pas un bijou, pas une pierre, rien à mettre sur moi. J'aurai l'air misère comme tout. J'aimerais presque mieux ne pas aller à cette soirée. Il reprit:

—Tu mettras des fleurs naturelles. C'est très chic en cette saison-ci. Pour dix francs tu auras deux ou trois roses magnifiques. Elle n'était point convaincue.

—Non. . .il n'y a rien de plus humiliant que d'avoir l'air pauvre au milieu de femmes riches.

Mais son mari s'écria:

—Que tu es bête! Va trouver ton amie Mme Forestier et demande-lui de te prêter des bijoux. Tu es bien assez liée avec elle pour faire cela. Elle poussa un cri de joie.

—C'est vrai. Je n'y avais point pensé.

7. Qu'est-ce que Monsieur Loisel voulait savoir?

    A   la date de la fête
    B   si Madame Loisel avait prêté sa toilette
    C   ce qui n'allait pas
    D   si Madame Loisel était amusante

8. Qu'est-ce que Madame Loisel voulait ^

    A   acheter une toilette
    B   ne pas aller à la soirée
    C   obtenir, par exemple, des diamants
    D   être misérable

9. A-t-elle accepté de porter des fleurs?

    A   non, parce qu'il n'y avait pas de roses dans le jardin
    B   non, parce qu'elles ne coûtaient pas assez cher
    C   non, parce qu'elle était trop pauvre pour en acheter
    D   non, parce que les fleurs ne sont pas chic

10. De quoi avait-elle peur?

    A   d'humilier les femmes riches
    B   d'être humiliée par son mari
    C   de paraître plus riche que les autres
    D   de paraître plus pauvre que les autres

11. Qu'est-ce que son mari propose?

    A   qu'elle demande des bijoux à son amie
    B   qu'elle prête des bijoux à son amie
    C   qu'elle se lie avec Madame Forestier
    D   qu'elle achète des bijoux à Madame Forestier

12. Que pense-t-elle de cette idée?

    A   c'est une mauvaise idée
    B   elle en est très contente
    C   elle n'y pense pas du tout
    D   son mari est bête

13. Monsieur Lenoir a tondu le gazon, puis il a bêché longtemps
    au potager. Il fait la remarque:

    A   J'aime beaucoup le jardinage.
    B   Ma femme fait une soupe excellente.
    C   Je pourrai vendre du potage au marché.
    D   J'attends avec impatience d'attraper un poisson.

14. On va célébrer le quatorze juillet. Il y a toujours une foire en ville, et tout le monde va danser dans les rues. Jean-Paul dit à Paule:

A Tu préfères les manèges ou les autos tamponneuses?
B On ira voir les lions dans leurs cages.
C Merci, alors, je ne danse pas avec les garçons
D Le ballet classique est merveilleux dans la rue.

15. A Noël, Marie-France et sa soeur sont invitées à une surprise-partie chez les enfants Durand. Elles sonnent, et Jean-Pierre Durand leur ouvre la porte. Il dit:

A Tiens! la sonnerie ne fonctionne pas.
B On reste dans le jardin. Il y fait meilleur.
C Quelle surprise! Je ne vous attendais pas.
D Entrez donc! Vous prenez une limonade?

16. J'adore les hautes montagnes, surtout s'il y a de la neige au sommet toute l'année. J'aime particulièrement ----

A le sud de l'Italie
B le Pays de Galles
C la Suisse
D la côte d'Azur

17. Le médecin m'a donné une ordonnance parce que j'ai un rhume de cerveau. Je vais ----

A me faire opérer
B aller chez le pharmacien
C mourir bientôt
D consulter un spécialiste du coeur

18. "Ah! voilà un café! On y vend des boissons fraîches. Je vais y entrer parce que ----".

A j'aime le café
B j'aime prendre le frais
C j'ai soif
D c'est gratuit

19. Les enfants font souvent une promenade au bord de la mer, et quelquefois ils grimpent sur ----. C'est dangereux.

A   le sable
B   la montagne
C   la falaise
D   le phare

TEST 8
PASSAGE A

Ce soir-là, vers huit heures, un hôtelier et sa fille Marie venaient d'achever le dîner en silence; tous les deux étaient trop inquiets pour pouvoir parler, car le bateau de pêche du fiancé de Marie avait maintenant un mois de retard.

L'hôtelier avait déjà écrit au bureau de la compagnie pour demander si le vaisseau avait été obligé de changer son port de destination. On savait que d'autres vaisseaux avaient éprouvé de grosses tempêtes près de l'Islande.

Tout à coup on entendit le pas d'un cheval et le grincement de roues sur la route. Etait-ce donc quelque voyageur qui venait passer la nuit?

C'était peu probable, car la saison était finie et, en tout cas, les touristes arrivaient rarement à une heure aussi avancée.

L'hotelier alla ouvrir la porte, mais le vent et la pluie étaient si violents qu'il fallut la refermer tout de suite.

Bientôt après, on frappa à la porte: un homme entra et tendit à l'hôtelier une grande enveloppe. "Ceci vous est envoyé par le chef du bureau maritime," dit-il. L'hôtelier ouvrit la lettre. Voici ce qu'on avait écrit:

'Monsieur,

En réponse à votre lettre, je vous envoie ci-inclus un document qui a été recueilli en mer par un navire allemand. Malheureusement il ne laisse aucun doute sur le sort du bateau dont vous demandez des nouvelles.'

Sans prendre le temps de finir la lettre, l'hôtelier avait tiré le document de l'enveloppe. C'était un billet de loterie. Au revers du billet, le jeune marin avait écrit quelques mots d'adieu à sa fiancée.

Au moment où son bateau allait disparaître sous les eaux, le marin avait enfermé le billet dans une bouteille qu'il avait jetée ensuite à la mer. Il espérait que le billet parviendrait un jour à sa fiancée et lui apporterait peut-être une grosse fortune.

1. Pourquoi est-ce que l'hôtelier et sa fille étaient silencieux?

   A   ils étaient trop occupés à manger
   B   le fiancé de Marie n'était pas rentré d'un voyage en mer
   C   le bateau du fiancé de Marie allait venir dans un mois
   D   ils n'aimaient pas se parler

2. Quel était l'emploi du fiancé de Marie?

   A   hôtelier
   B   pêcheur
   C   chevalier
   D   touriste

3. Qu'est-ce qui était arrivé près de l'Islande?

   A   le fiancé de Marie y était arrivé
   B   des bateaux avaient disparu
   C   le bateau du fiancé avait changé de destination
   D   des bateau avaient rencontré du mauvais temps

4. Pourquoi est-ce que ce n'était probablement pas un voyageur?

   A   parce qu'on avait entendu des roues
   B   parce que l'hôtel était fermé pour l'hiver
   C   parce qu'il était très tard
   D   parce que c'était un cheval

5. Qu'est-ce qui a forcé l'hôtelier à fermer la porte?

   A   un peu de vent
   B   une grosse tempête
   C   une pluie fine
   D   l'heure avancée

6. **Un bureau maritime** a affaire avec:

   A   de la vaisselle
   B   le mauvais temps
   C   la mer
   D   la nourriture

7. Qu'est-ce qui est arrivé au bateau du fiancé de Marie?

    A   il s'est écoulé
    B   il est arrivé en Islande
    C   il a rencontré un bateau allemand
    D   il est sorti

8. Pourquoi le jeune homme avait-il envoyé un billet à sa fiancée?

    A   pour qu'elle puisse le rejoindre en Islande
    B   il n'avait pas de papier à lettres
    C   il voulait qu'elle gagne un prix
    D   il lui devait une lettre

TEST 8
PASSAGE B

Le repas continua. Hommes et femmes sortaient de temps en temps dans la cour, puis rentraient se mettre à table. Les viandes, les légumes, le cidre et le vin s'engouffraient dans les bouches, gonflaient les ventres, allumaient les yeux, faisaient délirer les esprits.

La nuit tombait quand on prit le café. Depuis longtemps le prêtre avait disparu, sans qu'on s'étonnât de son absence.

La jeune mère enfin se leva pour aller voir si le petit dormait toujours. Il faisait sombre à présent. Elle pénétra dans la chambre a tâtons; et elle avançait, les bras étendus, pour ne point heurter de meuble. Mais un bruit singulier l'arrêta net; et elle ressortit effarée, sûre d'avoir entendu remuer quelqu'un. Elle rentra dans la salle, fort pâle, tremblante, et raconta la chose. Tous les hommes se levèrent en tumulte, gris et menaçants; et le père, une lampe à la main, s'élança.

L'abbé, à genoux près du berceau, sanglotait, le front sur l'oreiller où reposait la tête de l'enfant.

9. Comment mangeaient les invités?

    A   ils mangeaient très peu
    B   ils ne faisaient que boire
    C   ils mangeaient comme des gourmands
    D   ils ne mangeaient que des légumes

10. Quel était le résultat du repas?

    A   tout le monde était gros
    B   tout le monde est devenu fou
    C   tout le monde avait les yeux fermés
    D   tout le monde avait les yeux rouges

11. Que pensait-on de la disparition du prêtre?

    A   on était anxieux
    B   on etait etonné
    C   on n'était pas du tout inquiet
    D   on voulait le revoir

12. Que voulait la mère?

    A   chercher le prêtre
    B   voir son bébé
    C   dormir
    D   prendre du café

13. Comment est-elle entrée dans la chambre?

    A   elle a fait du bruit
    B   très silencieusement
    C   elle a heurté des meubles
    D   très rapidement

14. Que faisait le prêtre?

    A   il pleurait
    B   il chantait
    C   il priait
    D   il se reposait

15. Madame Lenoir est un peu sourde. Elle regarde la télévision mais les paroles lui échappent. Elle dit:

    A   Il me faut mes lunettes.
    B   Je vais baisser le poste. Ça ira mieux.
    C   Le son est absolument parfait.
    D   C'est ennuyeux d'être dur d'oreille.

16. La famille Dubois a fini de manger dans un bon restaurant.

La serveuse a apporté l'addition. Monsieur Dubois regarde celle-ci et il dit:

A Elle n'est pas mal du tout, cette fille!
B Qu'est-ce que la vie a augmenté!
C Elle est vraiment délicieuse, n'est-pas, Marie?
D Qu'est-ce qu'elle a été lente. Pas de pourboire, alors.

17. Les Durand sont mariés depuis quinze jours. Ils ont passé leur lune de miel en Italie. Madame Durand dit à son mari:

A J'attends avec impatience de voir Rome.
B On fait du bon miel en Italie, n'est-ce pas?
C On va bientôt célébrer notre premier anniversaire.
D Je suis très contente de notre voyage, chéri.

18. Jean-Paul invite Georges à voir un match de rugby à la télévision. Celle-ci tombe en panne après cinq minutes. Il faut téléphoner ----

A à la poste
B au constructeur
C à la mécanicienne
D à l'ingénieur

19. La piscine municpale a deux mètres de ----

A hauteur
B profondeur
C chaleur
D plongeur

20. Voici les cuillers, les fourchettes et les couteaux. Je vais mettre la table. Mais d'abord où est ----? Je ne la vois pas.

A les verres
B la nappe
C le vin
D la servante

21. Les personnes qui habitent la Bretagne sont des ----

A Gallois
B Bretons
C Anglais
D Britanniques

TEST 9
PASSAGE A

Au printemps, par un après-midi de pluie où les enfants ne pouvaient pas sortir, ils jouaient à Robinson Crusoë dans leur chambre. Entre les deux lits ils avaient tendu un drap pour représenter la hutte. Louis, qui était le chef, se tenait à l'intérieur de la hutte.

Son frère, jouant le rôle de son fidèle serviteur, montait la garde devant l'ouverture, et sa soeur était un cannibale.

Voyant que tout allait bien, la bonne quitta la chambre pour aller repasser une robe dans la cuisine, où la cuisinière était en train de préparer le repas du soir. Après quelques minutes la bonne leva la tête, renifla et dit: " Josephine, ne sentez-vous rien? Il me semble que vous avez quelque chose qui brûle." Mais, tout d'un coup, ella tourna la tête vers la porte. L'odeur de brûlé venait de par là. La bonne posa son fer, et courut à la chambre des enfants. La pièce était pleine de fumée. Des flammes grimpaient dans les couvertures des lits, et devant la hutte de Robinson les cendres d'un feu proclamaient l'origine du désastre.

"Joséphine," cria la bonne. "De l'eau! Appelez les voisins!" Tout le monde accourut. On fit la chaîne. De la cour jusqu'au premier étage les seaux n'étaient pas longs à monter. En cinq minutes tout fut éteint.

1. Pourquoi est-ce que les enfants jouaient dans leur chambre?

    A   c'était le printemps
    B   Robinson y était
    C   il faisait mauvais
    D   ils ne voulaient pas sortir

2. Qui était Louis?

    A   le plus important du groupe
    B   celui qui faisait la cuisine
    C   un constructeur de cabanes
    D   un garde-du-corps

3. Qu'est-ce que la bonne est allée faire?

    A   elle est allée faire la cuisine
    B   elle est allée s'habiller
    C   elle est allée parler avec Josephine
    D   elle est allée s'occuper du linge

4. On **renifle** avec:

    A   la bouche
    B   la tête
    C   le nez
    D   les oreilles

5. Qu'est-ce que la bonne a pensé?

    A   que Josephine ne sentait rien
    B   que le repas brûlait
    C   que Josephine allait répondre
    D   qu'elle ne pourrait pas manger

6. Qu'est-ce que les enfants avaient fait?

    A   ils avaient allumé un feu dans la chambre
    B   ils avaient allumé un feu dans les lits
    C   ils avaient fumé dans la chambre
    D   ils avaient vidé des cendriers dans les lits

7. Dans les **seaux** il y avait:

    A   une chaîne
    B   des flammes
    C   de l'eau
    D   des voisins

TEST 9
PASSAGE B

L'année dernière mon père m'avait expédié chez ma grand-mère pour des raisons qui avaient à faire avec la naissance de ma petite soeur. J'étais ravi d'y aller. Ma grand-mère habitait un petit port et tout ce qui touchait aux bateaux excitait en moi un immense intérêt.
Je suis arrivé le 31 mars. Le lendemain était un vendredi.
—Pierre, m'a dit ma grand-mère, l'église nous défend de manger de la viande aujourd'hui. Tu iras chercher du poisson, suffisamment pour les deux repas. Fais bien attention qu'il soit frais.
      Et elle me donna une pièce de dix francs. Je suis parti dans la direction du port. A ce moment-là, un bateau de pêche

débarquait ses paniers gorgés de poissons. Soudain, un des paniers s'est renversé sur la jetée, libérant plusieurs poissons encore vivants — dont quelques-uns, par des coups de queue, ont réussi à se rejeter dans leur élément naturel. Instinctivement je me suis précipité en avant, les mains ouvertes, et j'ai lâché ma pièce de dix francs. Roulant sur le pavé, elle a suivi les poissons dans la mer. A quelques mètres de là un brave vieux pêchait à la ligne. Je lui ai fait part de ma mésaventure.

    —Console-toi, mon petit. Regarde, ça mord!

    Et il a sorti au bout de sa ligne une belle morue puis un magnifique maquereau. Au déjeuner nous dégustions la morue quand tout à coup ma grand-mère a poussé un cri.

    'Aha!' je vous entends dire. 'La grand-mère avait découvert dans la morue la pièce de dix francs.' Pas du tout!

    Ma grand-mère s'était cassé une dent sur une pièce de dix centimes!

8. Pourquoi Pierre est-il allé chez sa grand-mère?

    A il y est allé pour attraper des poissons
    B sa mère allait avoir un bébé
    C son père partait en expédition
    D il n'aimait pas sa petite soeur

9. Etait-il content?

    A oui, c'était le 31 mars
    B oui, il allait toucher des bateaux
    C oui, il adorait les bateaux
    D oui, il jouerait un tour le premier avril

10. Pourquoi fallait-il chercher du poisson frais?

    A la grand-mère de Pierre n'aimait pas la viande
    B on ne pouvait pas manger de viande à l'église
    C le curé ne permettait pas qu'on mange du poisson qui n'était pas frais
    D il fallait manger du poisson le vendredi

11. Qu'est-ce qui est arrivé aux poissons du panier renversé?

    A on leur a coupé la queue
    B ils sont retombés dans la mer
    C ils sont morts tout de suite
    D ils ont été gorgés

12. Qu'est-ce que Pierre a fait de ses dix francs?

   A   il les a laissés tomber
   B   il les a jetés dans la mer
   C   il les a roulés sur le pavé
   D   il les a donnés au vieux pêcheur

13. Qu'est-ce que Pierre a dit au vieillard?

   A   il lui a dit de mordre
   B   il lui a demandé une morue et un maquereau
   C   il lui a dit de se consoler
   D   il lui a raconté l'histoire de l'argent

14. Pourquoi la grand-mère de Pierre a-t-elle poussé un cri?

   A   la morue était dégoûtante
   B   elle a retrouvé les dix francs
   C   quelque chose de dur lui a fait mal
   D   elle avait oublié d'aller chez le dentiste

15. Qu'est-ce qu'il y avait dans la morue?

   A   la pièce de dix francs de Pierre
   B   la dent de la grand-mère de Pierre
   C   une toute petite pièce
   D   il n'y avait rien là-dedans

16. Le jour de la rentrée Jean est paresseux. Il est huit heures vingt et Jean est toujours au lit. Sa mère dit:

   A   Ta paresse me plaît, tu sais.
   B   Mais dépêche-toi. L'autobus va partir.
   C   Tu aimes tellement l'école, mon chéri.
   D   Prends ton temps. Le professeur attendra.

17. Pierre et son ami François sont sur une route isolée dans la montagne. Tout d'un coup, l'auto s'arrête. Pierre sort pour voir ce qui est arrivé. Il dit à François:

   A   Zut! nous avons un pneu crevé!
   B   J'ai arrêté l'auto un instant pour admirer la vue.
   C   Chic alors! C'est une jolie jeune fille.
   D   Je m'arrange toujours pour tomber en panne ici.

18. Un piéton qui traverse la rue voit une jeune fille étendue sur la chaussée. Il lui demande si elle a été renversée par une voiture. Elle répond:

    A   Je vois mieux les voitures d'ici.
    B   Vous ne devriez pas parler à une jeune fille que vous ne connaissez pas.
    C   Je suis tombée, monsieur. Voulez-vous m'aider?
    D   C'est une Renault qui m'a tuée, monsieur.

19. Ecoute, Jean-Pierre, ralentis un peu, autrement nous aurons un accident. On ne voit absolument rien, parce qu'----

    A   il gèle
    B   il fait du brouillard
    C   il fait de l'orage
    D   il fait du vent

LISTENING COMPREHENSION TESTS

The passages to be read aloud for this section begin on page 72. They may be cut out of the book and read separately if required.

TEST 10

The following alternative answers refer to the passage and questions on page 72

1. A un morceau de papier
   B une carte-postale
   C une carte géographique
   D la carte de Jacques

2. A que c'est curieux
   B que c'est grand
   C que c'est une carrière
   D que c'est beau

3. A à la sortie du village
   B dans les champs
   C dans les bois
   D dans la montagne

4. A dans le bois
   B dans un champ
   C dans la vallée
   D au village

5. A une sorte de fourchette
   B une coupe
   C une sorte de couteau
   D quelque chose à manger

6. A oui – il aime se promener
   B oui – il n'a pas de doute
   C non – il n'y a rien à voir
   D non – les deux autres l'ennuient

7. A dans la jungle
   B au cirque
   C cachés dans les arbres
   D au jardin zoologique

8. A à l'usine
   B au collège

C au restaurant

D en ville

9. A on assiste à un concert "pop"

B on écoute un disque populaire

C on écoute la radio

D on écrit une lettre

10. A pendant les vacances scolaires

B à sept heures du soir

C le jour de la rentrée

D à midi moins le quart

11. A une institutrice

B une maman

C un receveur

D la petite soeur de Jean-Paul

12. A Au revoir, maman. A ce soir.

B Oui, il n'est pas dur d'oreille, papa.

C Son klaxon ne marche pas

D Cette voiture est si confortable, n'est-ce pas?

13. A Allez à la boulangerie, ma petite

B Voici des pilules à prendre avant les repas

C Je vais vous prendre votre température

D Qu'est-ce qu'elles ont mangé, vos soeurs?

TEST 11

The following alternative answers refer to the passage and questions on page 73

1. A elle a des murs solides

B personne n'y vit

C elle n'est pas très vieille

D elle est complètement en ruines

2. A l'escalier est tombé en morceaux

B rien n'est arrivé

C tous les murs de la maison sont tombés en ruines

D les garçons ont jeté des pierres sur l'escalier

3. A ils ne peuvent pas monter au premier étage
   B ils ne savent pas quoi faire avec les pierres
   C ils ne peuvent pas se cacher
   D il leur est impossible de descendre

4. A il veut y passer la nuit
   B il veut quitter la maison
   C il veut enlever la poussière
   D il veut pleurer

5. A il se jette par la fenêtre
   B il s'installe pour la nuit
   C il devient fou
   D il réfléchit longtemps

6. A il ressemble à une ronce
   B il est blessé
   C il a vu un fantôme
   D il est difficile de pousser les ronces

7. A dans un château
   B dans une maison du dix-septième siècle
   C dans un lit
   D devant un calendrier

8. A dans un restaurant
   B dans la salle de bains
   C à la côte d'Azur
   D dans une piscine couverte

9. A un boucher
   B un alpiniste
   C un fermier
   D un mécanicien

10. A un sapeur-pompier
    B le mari de la vieille dame
    C un agent de police
    D un cycliste

11. A on prend l'autobus
    B on va au match de football
    C on va au théâtre
    D on prend le train

12. A Oui, le français est difficile à prononcer
    B Les Anglais ne prononcent pas bien le français
    C Il faut suivre un cours de vacances en Angleterre
    D Les prof sévères prononcent très mal

13. A On prend le billet dans le car, n'est-ce pas?
    B Quel dommage! Jes dois attendre une heure
    C Merci, ma valise est très légère
    D Le porteur m'a déjà vendu un billet

TEST 12

The following alternative answers refer to the passage and questions on page 75

1. A il va faire une promenade
   B il va acheter quelque chose à boire
   C il va s'asseoir sur un banc
   D il va manger un pamplemousse

2. A il est plus gros
   B il est moins gros
   C il est aussi gros
   D il est vert

3. A très mal habillé
   B habillé de vêtements déchirés
   C très bien habillé
   D essayer des vêtements chez la couturière

4. A ils portent des poupées
   B ils portent des gants blancs
   C ils portent un chapeau à la mode
   D ils portent des vieilles chaussures

5. A parce qu'il n'a pas soif
   B parce qu'il n'a pas d'argent
   C parce que le kiosque n'est pas propre
   D parce que les verres sont sales

6. A   monter sur une chèvre
   B   donner à manger aux chèvres
   C   faire une promenade à poney
   D   boire un jus de fruit

7. A   au bal
   B   dans une station de ski
   C   à la patinoire
   D   à l'aéroport

8. A   en prison
   B   à l'aéroport
   C   sur un bateau
   D   à la douane

9. A   en pleine campagne
   B   devant un château
   C   dans un musée de peinture
   D   dans une ferme

10. A   un receveur d'autobus
   B   un motocycliste
   C   un garagiste
   D   un automobiliste

11. A   on écoute une leçon de piano
   B   on écoute une histoire
   C   on lit un bulletin scolaire
   D   on entre chez Robert

12. A   Oui, je me suis bien reposé pendant les vacances
   B   Mais c'est faux! C'était au mois d'août
   C   Mais on n'a pas besoin de livres à la piscine
   D   Oui, je suis allé exprès à la librairie

13. A   J'espère que vous êtes confortable
   B   Il est interdit de marcher sur les pelouses
   C   Il est permis de marcher sur les pelouses
   D   Avez-vous votre permis de conduire, monsieur?

TEST 13

The following alternative answers refer to the passage and questions on page 76

1. A qu'il devrait aller chercher ses amis
   B qu'il devrait l'accompagner en visite
   C qu'il voulait voir sa tante
   D qu'il n'aimait pas rester à la maison

2. A un gros pullover
   B une grosse bougie
   C neuf tricots
   D un peigne

3. A utiliser des couleurs
   B faire un dessin
   C arranger les cheveux
   D se laver

4. A sur une route propre
   B dans un endroit sec
   C sur une bouée
   D dans un endroit sale

5. A elle voulait faire plaisir à sa soeur
   B elle voulait les manger
   C elle voulait faire plaisir à son fils
   D elle espérait être contente

6. A idiot
   B gourmand
   C rusé
   D affectueux

7. A un fermier
   B une ménagère
   C un forestier
   D un professeur de physique

8. A maman
   B grand-mère
   C un ami de Gilbert
   D la petite soeur

9. A à la patinoire
   B devant un miroir
   C au lac du jardin public
   D chez la marchande de glaces

10. A au jardin des plantes
    B dans une forêt
    C au bureau des objets trouvés
    D au syndicat d'initiative

11. A on mange des glaces
    B on mange au restaurant
    C on va au café
    D on finit le café

12. A On peut avoir une glace au désert?
    B Il fait trop chaud pour les glaces
    C Je ne prends pas de dessert au petit déjeuner
    D Apportez-moi des framboises à la crème

13. A Nous avons assez de tableaux à la maison
    B Je ne veux pas acheter de vieux peintres
    C Je vais tout simplement finir la vaisselle avant
    D On ne les verra pas, tu sais. Ils sont morts

TEST 14

The following alternative answers refer to the passage and questions on page 78

1. A un petit chemin privé
   B une allée blanche
   C un paravent
   D un sentier propre

2. A ils grimpaient les falaises
   B ils s'amusaient sur la plage
   C ils se promenaient dans la mer
   D ils restaient à la maison

3. A il mangeait son petit déjeuner

B il descendait à la plage
C il lisait son journal
D il lisait son courrier

4. A assis
   B anxieux
   C patient
   D étonné

5. A des nouvelles de Marie
   B des nouvelles de ses soeurs
   C une invitation d'aller à Paris
   D des nouvelles désagréables

6. A sa soeur avait volé ses documents
   B il y a eu un vol chez lui
   C sa soeur était rentrée à Paris
   D il avait oublié ses papiers à Paris

7. A au club de jeunesse
   B dans la salle à manger
   C au collège
   D chez le menuisier

8. A ils vont aller au cinéma
   B ils vont regarder la télévision
   C ils vont entrer dans un snack
   D ils vont écouter la radio

9. A un assassin
   B un maître d'hôtel
   C un prisonnier
   D un bijoutier

10. A Elle est en panne aujourd'hui
    B Est-ce que le vétérinaire conduit bien?
    C Quel dommage! Votre chien était vieux?
    D Mais je n'ai pas tué votre chien

11. A J'aime écouter les battements de mon coeur
    B Quelle belle musique!
    C On ne devrait pas danser dans les églises
    D Monsieur le curé a une belle voix

12. A J'ai beaucoup trop chaud
    B J'adore payer le chauffage
    C Il fait froid dans cette maison
    D On peut vendre les radiateurs maintenant

TEST 15

The following alternative answers refer to the passage and questions on page 79

1. A une femme de ménage
   B ceux qui transportaient leurs affaires
   C des gens qui étaient au jardin public
   D ceux qui avaient acheté la maison

2. A ils jouaient dans le jardin
   B ils faisaient la vaisselle
   C ils jetaient un ballon noir
   D ils dépaquetaient des tasses et des assiettes

3. A avant sept heures
   B à sept heures et demie
   C à sept heures six
   D exactement à sept heures

4. A ils sont tombés
   B on les a enlevés
   C ils ont changé de place
   D on leur a donné un coup

5. A elles avaient peur
   B elles étaient énormes
   C c'étaient des fantômes
   D elles sautaient de joie

6. A parce qu'ils n'aimaient pas le facteur
   B parce qu'il était huit heures
   C parce qu'elle était hantée
   D parce qu'ils ne pouvaient pas la payer

7. A à la blanchisserie
    B à l'école
    C à la piscine
    D à la plage

8. A à la librairie
    B au kiosque à journaux
    C à la gare
    D à la bibliothèque

9. A on regarde la télévision
    B on lit des romans
    C on se promène dans le parc
    D on vient de tuer un agent de police

10. A Elle ne me semble pas très intelligente
    B Il a toujours été fort en gymnastique
    C C'est très difficile de passer les examens
    D C'est absolument certain s'il est en forme!

11. A Tu crois qu'il est assez cuit?
    B Tu as mis des fleurs au four?
    C Les assiettes vont se casser au four
    D Je ne veux pas sortir ce soir

12. A Zut! les plantes ne m'intéressent pas
    B Mais il y a un match de rugby sur l'autre chaîne
    C Tant mieux! on verra des caniches
    D Tu sais lire ces documents, Marie-France?

TEST 16

The following alternative answers refer to the passage and questions on page 80

1. A exactement quarante ans
    B un certain âge
    C un âge inconnu
    D à peu près quarante ans

2. A rouge
   B jaune
   C bronzé
   D en repos

3. A il y a longtemps
   B très récemment
   C il y a quelques minutes
   D pendant la nuit

4. A très intéressantes
   B très ennuyeuses
   C trop longues
   D invraisemblables

5. A il voulait les fermer
   B il voulait fermer les fenêtres
   C il avait peur d'animaux sauvages
   D pour s'y déshabiller

6. A dans ses cheveux
   B près du lit
   C dans son imagination
   D nulle part

7. A on nettoie la salle à manger
   B on prépare une surprise-partie
   C on fait la vaisselle
   D on gronde les enfants

8. A dans la cuisine
   B dans une station d'essence
   C dans un restaurant
   D dans une banque

9. A à l'église
   B au bord de la mer
   C à l'hôpital
   D à la cantine

10. A Ce voyage sera interminable
    B Tu n'oublieras pas de changer à la gare de Dijon?
    C Tu as raison, chéri. Ce sera plus rapide
    D Je te donnerai des sandwichs pour deux jours

11. A   La bibliothèque en a déjà beaucoup
     B   Je préfère les romans d'amour
     C   Il y a des gendarmes à la bibliothèque?
     D   Ils viennent de Rome, les agents de police?

12. A   Ça ne fait rien. J'ai un maillot de bain
     B   Le toit du cinéma est percé, alors?
     C   Il ne pleuvait pas tout à l'heure
     D   Je ne sors jamais sans chapeau

TEST 17

The following alternative answers refer to the passage and questions on page 82

1. A   la nuit allait tomber
    B   il faisait déjà noir
    C   il avait froid
    D   il voulait cacher ses affaires

2. A   avec une servante
    B   avec Raymond
    C   avec personne
    D   avec un homme seul

3. A   de servir tout de suite
    B   de servir à sept heures et quart
    C   de dîner avec lui
    D   d'attendre quelques minutes avant de servir

4. A   il avait perdu la lettre de Raymond
    B   il ne savait pas si Raymond arriverait
    C   il avait très faim
    D   il avait choisi un mauvais hôtel

5. A   près de la ville
    B   assez isolé
    C   il y en avait sept
    D   très froid, à cause des portes ouvertes

6. A devant la télévision
   B dans un cinéma
   C dans une confiserie
   D dans une agence publicitaire

7. A dans un immeuble
   B dans un magasin
   C dans un ascenseur
   D dans une maison de campagne

8. A un docteur
   B un pharmacien
   C une infirmière
   D un dentiste

9. A au médecin
   B au vétérinaire
   C au fermier
   D au curé

10. A Je n'ai pas envie de jouer au golf aujourd'hui
    B J'espère que je pourrai marquer un but
    C Bien, je vais chercher aussi ma raquette
    D J'adore le cricket. Toi aussi?

11. A Je ne suis pas votre fils, Madame
    B Vous mangez comme des porcs, vous savez
    C Tout de suite, Madame. Prenez-vous du café?
    D Mais je suis marié, Madame

TEST 18

The following alternative answers refer to the passage and questions on page 83

1. A de la gare
   B de chez eux
   C du poste de police
   D de la maison du commissaire

2. A   ils ne voulaient pas rentrer chez eux
   B   ils n'avaient rien fait pour être arrêtés
   C   le train était déjà parti
   D   quelqu'un les suivait

3. A   que l'agent était curieux
   B   que l'agent suivait les criminels
   C   que l'agent était un voleur dangereux
   D   il ne savaient pas quoi penser

4. A   parce qu'il avait couru
   B   parce qu'il faisait froid
   C   parce que les enfants l'avaient chassé
   D   parce qu'il avait attrapé des voleurs

5. A   pour l'arrêter
   B   pour lui donner son képi
   C   pour lui donner sa montre
   D   pour le toucher

6. A   un objet qu'on polit
   B   le chapeau d'un agent de police
   C   un objet noir
   D   une sorte de montre

7. A   à la confiserie
   B   à l'épicerie
   C   au salon de thé
   D   au cinéma

8. A   un charcutier
   B   un fermier
   C   un vétérinaire
   D   un boucher

9. A   à un passant dans la rue
   B   à un cycliste
   C   au conducteur d'un camion
   D   à un agent de police

10. A   Ce sera cinq francs cinquante, mademoiselle
   B   Vous avez besoin d'une pharmacie
   C   Vous n'avez qu'à aller à la poste
   D   Vous ne devriez pas fumer, mademoiselle

11. A   Ne l'appelle pas, maman. Ça ira mieux
     B   Un cachet d'aspirine pour ma tête, peut-être
     C   Tu es cruelle de dire que je suis laide
     D   La maladie me va très bien, n'est-ce pas?

12. A   J'ai oublié d'aller à la quincaillerie
     B   J'ai bavardé avec le pharmacien aussi
     C   Ma coiffeuse m'a fait une jolie mise en plis
     D   J'adore les magasins de peinture

TEST 19

The following alternative answers refer to the passage and questions on page 84

questions on page 84

1. A   à neuf heures
     B   à dix heures
     C   à neuf heures moins dix
     D   après l'arrivée du taxi

2. A   presser le chauffeur
     B   sourire au chauffeur
     C   arriver très vite à la gare
     D   prendre leur temps

3. A   il est allé boire du café
     B   il est allé consulter l'horaire
     C   il a commandé du café
     D   il est allé à Rouen

4. A   très froid
     B   il avait un goût de cigarette
     C   excellent
     D   extrêment chaud

5. A   son café lui a brûlé la bouche
     B   le train allait bientôt partir
     C   Jacques a versé du café sur lui
     D   il a vu venir Jacques

6. A   assez froid

B   très chaud
C   il n'ont pas eu le temps d'en boire
D   ils ont bu seulement de l'eau

7. A   devant la cage aux oiseaux
   B   au jardin public
   C   à la campagne
   D   dans une station balnéaire

8. A   un tailleur
   B   un jardinier
   C   un fermier
   D   un météorologiste

9. A   à midi
   B   tôt le matin
   C   à une heure tardive
   D   tôt l'après-midi

10. A   Mais que fait maman dans l'hôtel de ville?
    B   Le maire de cette ville est communiste?
    C   Vous êtes bien aimable, monsieur
    D   J'espère que la pâtisserie sera ouverte

11. A   J'ai aimé le salon mais pas la cuisine
    B   Oh, j'adore le théâtre
    C   Il joue très bien, Shakespeare
    D   Mais il a fait beau hier

12. A   Je n'ai pas envie de manger du poisson aujourd'hui
    B   C'est un joli poisson rouge pour ses enfants
    C   Je ne le reconnais pas, le monsieur
    D   Zut, ce n'est qu'un vieux soulier

TEST 20

The following alternative answers refer to the passage and questions on page 86

1. A   pour rester
   B   pour regarder la maison
   C   pour faire une pause
   D   pour s'imposer

2. A   grand et brun
   B   petit et brun
   C   élégant
   D   bas

3. A   il était brusque
   B   il ne connaissait pas Michel et son frère
   C   il s'appelait Hector
   F   il avait faim

4. A   elle va chercher un paquet
   B   elle va examiner la maison
   C   elle va aller à la poste
   D   elle va écrire des lettres

5. A   entrer dans la maison
   B   l'accompagner à la poste
   C   visiter le jardin
   D   tenir son paquet

6. A   non, ils sont partis
   B   non, ils voulaient se reposer
   C   non, ils ont couru après le chien
   D   non, ils n'aimaient pas les jardins

7. A   chez l'horloger
   B   dans un magasin suisse
   C   dans un avion
   D   à la douane

8. A un marchand de fruits
   B une marchande de glaces
   C un pâtissier
   F une mère de famille

9. A au goûter
   B au petit déjeuner
   C au dîner
   D à onze heures

10. A Cette cour n'est pas si basse que ça!
    B Mais pourquoi veux-tu donner un oeuf au coq?
    C Quels jolis petits nids dans les arbres!
    D Nous préférons les omelettes, grand-mère

11. A Tu permets à ton chien de te mordre!
    B Le pauvre animal! Il doit souffrir
    C Oui, les bras sont très sensibles
    D Tu devrais aller voir le médecin

12. A Je n'aime pas la crème. Elle fait grossir
    B Il n'y a pas de vaches ici
    C Je croyais que tu n'aimais pas le café au lait
    D Ce n'est pas une crèmerie ici

COMPREHENSION PASSAGES AND QUESTIONS

The following passages and questions refer to the alternative answers beginning on page 52. The passages may be cut out of the book to be read aloud separately if required.

TEST 10

The passage and questions in this text refer to the alternative answers on page 52

(Vous allez entendre l'histoire de trois garçons, Michel, Jacques et Pierre. C'est Pierre qui parle.)

— Bonjour, Jacques. Michel arrive enfin. Je comprends maintenant pourquoi il est en retard. Il a une nouvelle carte — une carte beaucoup plus détaillée, sur laquelle chaque champ et chaque bois est indiqué; et c'est lui qui décide de ce que nous allons faire aujourd'hui.

— Nous allons là, dit-il, simplement, en mettant le doigt sur un espace vert, situé au milieu d'un grand bois. Puis il a ajouté: "C'est bizarre, ce champ carré qui se trouve tout seul, au beau milieu des arbres."

Nous nous mettons en route. A la sortie de notre village, nous prenons tout de suite un chemin qui monte, descend et tournoie entre des champs (car nous habitons déjà loin au-dessus de la vallée). Nous nous dirigeons vers le bois; mais il faut plus d'une heure de marche pour y arriver et, auparavant, nous nous arrêtons dans un pré pour faire un pique-nique.

Il n'y a rien de particulier à voir dans ce pré. Pendant que Jacques découpe un saucisson avec son canif et que Michel consulte sa carte, moi, je réfléchis: "J'espère que l'idée de Michel est bonne et que cette promenade va être intéressante; mais j'en doute. Tout ça, ce n'est pas très amusant: un pré, un bois et puis rien d'autre."

1. Sur quoi est-ce que les champs et les bois sont marqués?
2. Que pense Michel de l'espace vert?
3. Où habitent les enfants?
4. Où font-ils un pique-nique?
5. Qu'est ce qu'**un canif**?
6. Est-ce que Pierre pense que la promenade sera intéressante?

Où sont les personnes qui parlent?

7. Maman, regarde les singes qui se cachent dans les arbres. Ils sont drôles. Je veux voir la cage aux tigres maintenant.
8. Je ne mange pas à la cantine aujourd'hui. Je vais sortir en ville. Je te reverrai au cours de deux heures.

Que font les personnes qui parlent?

9. Baisse le poste, chéri. Il est trop fort. Je n'aime pas ces groupes populaires.

Quand est-ce qu'on parle?

10. Lève-toi vite, Henri. Tu seras en retard pour l'autobus. Est-ce que ton cartable est prêt? Tu mangeras à la cantine à midi, n'est-ce pas?

Qui parle?

11. Jean-Paul va entrer à l'école maternelle en septembre. Je vais l'y conduire tous les jours en auto. Il est trop jeune pour prendre l'autobus.

Choisissez la réponse qui convient le mieux.

12. Embrasse-moi vite, ma chérie! Je dois m'en aller. Papa m'attend dans la voiture. Ecoute, il klaxonne.
13. Ma soeur ne se sent pas très bien, monsieur. Elle a mal au ventre. Vous pouvez me recommander des cachets?

TEST 11

The passage and questions in this text refer to the alternative answers on page 53

(C'est Pierre qui parle).

Mon frère Michel, notre ami Jacques et moi-même sommes au premier étage d'une vieille maison abandonnée. L'escalier et le mur viennent de s'écrouler. . .

— Que faire? disons-nous tous ensemble, tout en regardant les vieilles pierres du mur, le bois pourri de l'escalier et toute la poussière qui vole encore.

En effet, que faire? Je ne vous cache pas que, pour ma part, j'ai peur. Comment descendre et sortir de la maison? Je ne veux surtout pas y passer la nuit.

Mais mon jeune frère, qui n'a jamais peur de rien, crie sur

un ton triomphant:

— Moi, je saute.

— Mais, tu es fou, lui dis-je affolé. Mais je n'ai pas le temps de le retenir. Sans réfléchir, et en hurlant: "J'y vais", il saute.

Il tombe dans le jardin parmi les ronces, et bien entendu, il se fait mal. Il pousse un épouvantable cri de douleur, puis se met à sangloter. Son visage est blanc comme un linge.

1. Décrivez la maison.
2. Qu'est-ce qui vient d'arriver?
3. Quel problème est-ce que cela pose aux garçons?
4. Que veut Pierre?
5. Que fait Michel?
6. Pourquoi est-ce que sa figure est blanche?

Où sont les personnes qui parlent?

7. Regarde tous ces vieux objets. Celui-ci date de dix-sept cent vingt. Tu crois que le roi dormait dans ce lit?
8. Ne te baigne pas trop tôt après le déjeuner, mon chéri, et ne reste pas trop longtemps au soleil.

Qui parle?

9. Les moutons sont dans la montagne. Il y aura sans doute plusieurs agneaux maintenant. Je prendrai la camionnette.
10. Eh, monsieur, arrêtez! Vous avez brûlé le feu rouge et presque renversé une vieille dame qui traversait la rue. Votre nom s'il vous plaît.

Que font les personnes qui parlent?

11. Va au guichet. Prends des billets de première classe. Il y aura moins de gens. Dépêche-toi. Je vais acheter un journal.

Choisissez la réponse qui convient le mieux.

12. Tu aimes l'anglais, toi? Je trouve le prof' très sévère. Et la prononciation est si difficile pour les Français.
13. Le train part quai numéro neuf, madame. Vous avez pris votre billet? Voulez-vous un porteur?

TEST 12

The passage and questions in this text refer to the alternative answers on page 55

Dimanche après-midi, Henri et moi, nous nous promenons sous les platanes et, à un moment donné, nous nous asseyons sur un banc.

— Je t'offre un jus de fruit, me dit Henri. Pamplemousse ou citron?

— Tu est chic. Merci. Pamplemousse.

Henri se lève et se dirige vers le kiosque où l'on vend des boissons. Moi, j'observe les passants et, parmi eux, un petit groupe à l'air vraiment malheureux: une jeune femme avec deux enfants, un garçon et une fillette. Ils ont peut-être neuf et sept ans, et sont tirés à quatre épingles, avec des chapeaux de paille, des souliers vernis et — je vous assure — des gants blancs! La femme est maquillée comme une poupée, et elle porte un chapeau à la dernière mode.

Ah! les pauvres! Ils passent tout près de notre banc et j'entends le garçon qui s'adresse à la jeune femme:

— Dis, cousine, j'ai soif. Je peux acheter un jus de fruit?

— Un jus de fruit? Ah! mais non, Jeannot. Les verres de ce kiosque ne sont pas propres.

— Oh, regarde, cousine Ursule, des chèvres! s'écrie soudain la petite fille. Et des poneys! Je veux monter sur un poney!

— Tais-toi, Lisette! lui dit la cousine, froidement. Ce sont de sales bêtes. Jamais je ne te permettrai d'y toucher.

1. Qu'est-ce qu'Henri va faire?
2. Comparé avec le citron, comment est un pamplemousse?
3. Que veut dire **tiré à quatre épingles**?
4. Que portent les deux petits enfants?
5. Pourquoi est-ce que Jeannot ne peut pas acheter un jus de fruit?
6. Qu'est-ce que la petite fille aimerait faire?

Où sont les personnes qui parlent?

7. Quelle vue magnifique! La piste est toute blanche. Il a dû neiger hier soir pendant que nous étions au dancing.
8. Au revoir, maman. Ne t'inquiète pas. Ce n'est pas un long

voyage. Je te reverrai dans dix jours. On appelle notre vol.
Porte numéro cinq. Au revoir.

9. Regarde ce joli petit tableau. Les champs sont d'un vert. . . et
ce château au fond, on croirait y être.

Qui parle?

10. Oh là là, regarde mon pare-brise complètement démoli. Et le
pare-chocs aussi. Heureusement que j'avais ma ceinture de
sécurité.

Que fait-on?

11. Ecoute, Robert, je n'admets pas toutes ces mauvaises notes.
A la rentrée tu vas te décider à travailler, surtout en histoire.
Tu entends?

Choisissez la réponse qui convient le mieux.

12. Oh là là! Demain c'est la rentrée. Tu as tout ce qu'il te faut
comme livres, crayons et le reste?
13. Robert, qui est Anglais est dans un jardin public à Paris, où
on ne doit pas marcher sur les pelouses. Robert, qui ignore le
règlement, choisit un endroit agréable sur une belle pelouse
et s'y assied. Le gardien lui dit:

TEST 13

**The passage and questions in this text refer to the alternative
answers on page** 57

Madame Dupuis a décidé un jour d'aller voir sa soeur. Son fils
Dédé aurait mieux aimé rester à la maison et jouer avec ses amis,
mais sa mère n'était pas d'accord. Alors, il a dû changer de
chaussures, mettre le beau chandail neuf que sa tante lui avait
tricoté, se laver la figure et se peigner avec soin.
    Il était de très mauvaise humeur parce qu'il n'aimait pas
mettre des vêtements neufs. Il voulait marcher dans la boue parce
que ses amis allaient rire de ses belles chaussures propres.
    Cependant, la mère de Dédé, qui connaissait bien son fils,
avait acheté des bonbons, en espérant qu'il serait content. Elle
avait aussi acheté une énorme boîte de chocolats pour sa soeur.

Arrivée à la porte de la maison de sa soeur, Madame Dupuis a donné la boîte à Dédé en le priant de l'offrir à sa tante. Après leur coup de sonnette, la soeur de Madame Dupuis est venue leur ouvrir la porte. Elle a vu la groisse boîte. "Tiens, mon Dédé, tu es bien gentil de m'offrir cette jolie boîte", a-t-elle dit. Dédé, qui connaissait bien sa tante, a dit:"Ecoute, tante Jeannette, si je te donne la boîte, tu me permets d'aller jouer au football avec les copains?"

1. Dédé voulait jouer avec ses amis. Que pensait sa mère?
2. Qu'est-ce que sa tante lui avait donné?
3. Que veut dire **se peigner**?
4. Où est-ce que Dédé voulait marcher?
5. Pourquoi Madame Dupuis avait-elle acheté des bonbons?
6. A la fin, comment est Dédé?

Qui parle?

7. J'ai planté le pépin d'un citron. J'espère bientôt avoir un joli arbre devant ma porte. Ma maison est pleine de plantes.
8. Mais qu'est-ce que tu fais, Gilbert? Tu voles les bonbons de ta petite soeur? Ton papa n'était pas si méchant quand il était petit, si je me souviens bien.

Où sont les personnes qui parlent?

9. Tu me prêtes tes patins, s'il te plaît? La glace est bien épaisse aujourd'hui. Il a gelé hier.
10. Zut, j'ai perdu le sentier. Il y a trop de troncs d'arbres et de végétation qui le recouvrent. Comment vais-je sortir d'ici?

Qu'est-ce qu'on fait?

11. Tu demanderas au garçon de nous apporter l'addition. Ah, non, attends un peu. Marie n'a pas fini sa glace, et Jean veut prendre un café.

Choisissez la réponse qui convient le mieux.

12. Bien, monsieur. Du boeuf, des petits pois, une salade verte. Et comme dessert? Préférez-vous une glace ou des fruits?
13. Tu veux m'emmener au musée de peinture, maman? Le professeur de dessin m'a dit d'étudier les grands peintres du passé:

TEST 14

The passage and questions in this text refer to the alternative answers on page 58

Marie aimait beaucoup son oncle, car il était gai et gentil. Deux ans auparavant, il avait acheté une grande maison blanche avec son propre sentier qui menait à la mer. Ils passaient plusieurs heures ensemble à nager dans l'eau bleue ou à s'étendre sur les rochers.

Un matin, elle s'est levée assez tard et elle est descendue prendre le petit déjuner, avant d'aller à la plage. A son étonnement, son oncle n'avait pas encore commencé à manger; il lisait une lettre.

Comme il paraissait très inquiet, elle s'est assise à côté de lui sans dire un mot. Si elle attendait patiemment, il lui dirait certainement ce que la lettre contenait et qui l'avait écrite.

"Marie," a-t-il dit, levant finalement les yeux. "Je viens de recevoir de mauvaises nouvelles de ma soeur à Paris. Il faudra rentrer tout de suit. On a volé tous mes documents."

1. Qu'est-ce qu'il y avait près de la maison?
2. Que faisaient Marie et son oncle?
3. Que faisait son oncle quand elle est descendue un jour?
4. Comment était l'oncle?
5. Qu'est-ce que la lettre contenait?
6. Qu'est-ce qui était arrivé?

Où sont les personnes qui parlent?

7. Tu aimes l'éducation physique, toi? Moi je préfère les mathématiques et les travaux pratiques. Je vais faire une table pour maman cette année. Vite, voilà la sonnerie.

Que vont-ils faire?

8. Entre donc. Le film commence à huit heures et quart. Maman nous prépare des sandwichs. Tu peux rentrer chez toi après les actualités.

De qui parle-t-on?

9. Il s'est enfui dans la nuit en emportant l'argenterie. Et après cinq ans de service chez nous!

Choisissez la réponse qui convient le mieux.

10. Je dois emmener mon chien chez le vétérinaire. Il est malade. Pouvez-vous me prêter votre voiture?
11. Le choeur de l'église Saint-Jean chante à la messe de onze heures. Une dame qui écoute se dit:
12. Madame Lenoir a baissé le chauffage central parce qu'il coûte si cher. Monsieur Lenoir fait la remarque:

TEST 15

The passage and questions in this text refer to the alternative answers on page 60

La famille Duclos venait d'acheter une jolie maison près du jardin public. Ils s'y sont installés la semaine dernière. Ils y sont arrivés un après-midi avec les déménageurs.

Les enfants, très heureux, jouaient au ballon dans le jardin avec leur caniche noir, Monsieur et Madame Duclos vidaient les caisses de vaisselle.

Finalement les déménageurs sont partis. Madame Duclos avait préparé un excellent dîner dans sa nouvelle cuisine. Ils allaient manger à sept heures précises. Papa avait ouvert une bouteille de champagne.

Plus tard, tout le monde est allé se coucher. Monsieur et Madame Duclos ne pouvaient pas dormir car, tout d'un coup, le vent s'est levé et les tableaux de la chambre ont commencé à bouger.

Dans la chambre des enfants, la petite Madeleine a sauté dans le lit de Marie en voyant un énorme fantôme blanc entrer par la porte.

Personne n'a dormi. Tout le monde était terrifié. Le lendemain matin ils ont vite refait leurs valises. A huit heures le facteur qui passait a été surpris de voir les pauvres Duclos partir en voiture à toute vitesse.

1. Qui est arrivè à la nouvelle maison avec les Duclos?
2. Que faisaient Monsieur et Madame Duclos?

3. A quelle heure allait-on manger?
4. Qu'est-ce qui est arrivé aux tableaux plus tard?
5. Comment étaient les enfants?
6. Pourquoi les Duclos ont-ils quitté la maison?

Où vont les personnes qui parlent?

7. Vite, ma serviette et mon maillot de bain. Pierre m'attend à l'entrée. Tu me donnes de l'argent pour mes leçons de natation, s'il te plaît?

Où sont les personnes qui parlent?

8. Regarde les journaux pendant que je choisis un roman. Zut! j'ai oublié les livres que je devais rapporter. J'aurai une amende.

Que fait-on?

9. Qu'est-ce que tu en penses, Henri? Moi j'adore les policiers. Où en es-tu? Ah oui! on vient de commettre le deuxième crime. Tu ne voudras pas faire une promenade, alors?

Choisissez la réponse qui convient le mieux.

10. Mon frère étudie la physique à l'Université. Il passe ses examens dans trois semaines. Crois-tu qu'il réussisse?
11. Veux-tu sortir du four le plat de choufleur au gratin?
12. Marie-France veut regarder à la télévision un documentaire sur les jardins zoologiques. Jean-Pierre lui dit:

TEST 16

The passage and questions in this text refer to the alternative answers on page 61

Un homme d'environ quarante ans était assis à ma table lorsque je suis entré au restaurant. Pendant qu'il commandait son repas, j'ai examiné cet inconnu, dont le visage était brûlé par le soleil.

"Enchanté," m'a-t-il dit, souriant. "Je m'appelle Lerouge."

Après quelques minutes, nous bavardions ensemble comme de vieux amis. J'ai appris qu'il venait d'Afrique, où il avait chassé des lions et des éléphants et d'autres animaux sauvages. Ses histoires étaient passionnantes. J'aurais pu l'écouter toute la nuit!

Après être retourné à mon hôtel, je me suis déshabillé lentement, car j'avais la tête remplie des histoires que j'avais entendues. Avant de me coucher j'ai même regardé derrière les rideaux fermés pour voir s'il y avait des tigres cachés derrière!

Vous direz probablement que j'agissais stupidement: mais l'imagination d'un jeune homme est une chose formidable! Heureusement, je me suis endormi bientôt. Quand je me suis réveillé le lendemain matin, j'ai regardé le réveil qui était à mon chevet. Il était presque neuf heures! j'ai dû dormir dix heures!

1. Quel âge avait l'homme?
2. Comment était-il?
3. Quand est-il arrivé d'Afrique?
4. Quelles sortes d'histoires racontait-il?
5. Pourquoi l'auteur a-t-il regardé derrière les rideaux?
6. Où était son réveil?

Qu'est-ce qu'on fait?

7. Oh cette poussière! Où est mon torchon? Il faudra aussi passer l'aspirateur, et ranger la vaisselle, après la surprise-partie des enfants.

Où sont les personnes qui parlent?

8. Oui, faites le plein. Regardez le niveau d'huile et essuyez le pare-brise. Gardez la monnaie.
9. Quand tu verras le curé, dis-lui que tu ne pourras pas assister à la messe dimanche prochain. Nous serons en vacances.

Choisissez la réponse qui convient le mieux.

10. Monsieur Lenoir prépare un long voyage en Suisse. Il décide de prendre l'avion. Sa femme lui dit:
11. Veux-tu emprunter un roman policier à la bibliothèque?
12. Dépêche-toi, Henri, si tu veux m'accompagner au cinéma. Oh, zut, il pleut. Tu as oublié ton imperméable?

TEST 17

The passage and questions in this text refer to the alternative answers on page 63

Les fenêtres étaient ouvertes lorsque Louis est entré dans la chambre, mais il les a fermées tout de suite, car la nuit était déjà tombée. Après avoir poussé sa valise sous le lit, il est descendu dans la salle à manger et il s'est assis à une table libre. Une des servantes s'est approchée de lui.

"Est-ce que vous dînez seul, monsieur?" lui a-t-elle demandé. "Non", a-t-il répondu, "j'attends un ami. Il a dit qu'il serait ici à sept heures et demie. Il arrivera probablement dans quelques minutes, et il aura certainement faim. Voulez-vous servir le repas dans un quart d'heure?"

Louis a sorti la lettre que Raymond lui avait écrite et il l'a relue. Est-ce qu'il viendrait vraiment ce soir? Il se demandait pourquoi son ami avait choisi cet hôtel si loin de la ville. Comme il remettait la lettre dans sa poche, la porte s'est ouverte soudain et Raymond a paru.

1. Pourquoi Louis a-t-il fermé les fenêtres?
2. Avec qui s'est-il assis?
3. Qu'est-ce qu'il demande à la servante?
4. Louis était un peu inquiet. Pourquoi?
5. Comment était l'hôtel?

Où sont les personnes qui parlent?

6. Oh, ces réclames sont ennuyeuses. Vite, que le film commence! Veux-tu acheter des bonbons?
7. Regarde si tu vois quelqu'un au rez-de-chaussée. Non? Zut, il faut que je descende alors. Et l'ascenseur est en panne aujourd'hui. Ce n'est pas drôle d'habiter au troisième.

Qui parle?

8. Je vais vous faire une petite piqûre. Comme ça vous ne sentirez rien quand je l'arracherai.

A qui est-ce qu'on parle?

9. Regardez sa patte. Un vélomoteur l'a renversé, le pauvre. Il miaule piteusement. Vous pourrez le guérir?

Choisissez la réponse qui convient le mieux.

10. Mets ton short, et prends le ballon. Le reste de l'équipe nous attend sur le terrain.
11. Garçon, voulez-vous nous apporter comme dessert deux crèmes caramel et trois glaces à la vanille?

TEST 18

The passage and questions in this text refer to the alternative answers on page 64

François et son ami sont sortis ensemble du commissariat, et ils ont commencé à marcher rapidement vers la gare du chemin de fer. Ils tremblaient de peur et de rage. Que diraient leurs parents lorsqu'ils arriveraient chez eux? Et pourquoi la police les avait-elle arrêtés? Ils n'avaient rien fait.

Ils ne savaient pas que quelqu'un les suivait. En fait, un petit agent les suivait en courant, suivi de plusieurs enfants curieux, qui pensaient qu'il chassait quelques voleurs dangereux. Les deux jeunes gens se sont arrêtés, et l'agent s'est approché d'eux, s'essuyant le front avec son mouchoir.

"Vous vous appelez Dubois, n'est-ce pas?" a-t-il dit, regardant François. "Vous avez oublié votre montre au commissariat de police. La voici! prenez-la!" Il la lui a donné, a touché poliment son képi et s'en est allé. Il faisait déjà noir. Les petits enfants avaient disparu pour chercher d'autres aventures.

1. D'où est-ce que François et son ami sont sortis?
2. Pourquoi étaient-ils en colère?
3. Que pensaient les enfants?
4. Pourquoi est-ce que l'agent s'est-il essuyé le front?
5. Pourquoi l'agent voulait-il voir François?
6. Qu'est-ce qu'un képi?

Où sont les personnes qui parlent?

7. Voilà, Madame. Du thé, du café, un kilo de sucre; et avec ça? C'est tout? Tenez, voilà un bonbon pour la petite.

Qui parle?

8. Il est temps d'emmener le cochon au marché. Je me demande si je le vendrai. Je devrais peut-être l'envoyer à l'abattoir.

À qui est-ce qu'on parle?

9. Mais non, monsieur. Vous ne voyez pas que c'est un sens unique? Il faut tourner à droite. Dépêchez-vous, vous bloquez la circulation.

Choisissez la réponse qui convient le mieux.

10. Je voudrais trois timbres, deux cartes postales et un paquet de tabac pour mon père.
11. Tu as mauvaise mine aujourd'hui, ma chérie. Tu es très pâle. Veux-tu un médicament?
12. Tu as bien pensé à acheter du rouge à levres, du shampooing et une crème pour les mains?

TEST 19

The passage and questions in this text refer to the alternative answers on page 66

Les deux jeunes gens ont consulté anxieusement leur montre. Il était maintenant neuf heures moins dix, et ils étaient encore loin de la gare. Heureusement, un taxi a paru à ce moment-là. "La gare centrale, s'il vous plaît! nous sommes très pressés!" a dit Jacques au chauffeur. Celui-ci a souri: "Tout le monde semble pressé ces jours-ci! Je me demande pourquoi?"

Une fois arrivé à la gare, Jacques est parti pour savoir à quelle heure le train de Rouen partait; Maurice est entré dans le buffet pour commander deux tasses de café.

Jacques est revenu bientôt et il a trouvé son ami assis à une petite table sur laquelle il avait posé les tasses de café fumant. Jacques a dit à Maurice que le train de Rouen partirait dans cinq minutes du quai numéro sept.

"Mon Dieu!" s'est écrié Maurice, se levant tout à coup. "Il faut partir tout de suite!" "Quoi! sans boire notre café?" a protesté Jacques. Saisissant un broc d'eau froide, il en a versé dans sa propre tasse, et le reste dans la tasse de Maurice. Ils ont vite avalé leur 'café', avant de courir vers le train, qui s'apprêtait à partir.

1. A quelle heure est-ce que les jeunes gens ont consulté leur montre?
2. Que voulaient-ils faire quand ils ont pris le taxi?
3. Qu'est-ce que Jacques a fait quand ils sont arrivés à la gare?
4. Comment était le café?
5. Pourquoi Maurice s'est-il levé tout à coup?
6. Quelle sorte de café ont-ils bu?

Où sont les personnes qui parlent?

7. Oh, les jolis champs de blé! Qu'on est bien ici! Les petits oiseaux chantent et la rivière coule doucement.

Qui parle?

8. Il pleut à verse. Et quel vent avec ça! Zut alors, ça va gâter mes rosiers. Je serai obligé de les redresser.

Quand est-ce qu'on parle?

9. Lève-toi vite, Marie. Si on va cueillir des champignons, il ne faut pas tarder. Il faut y aller avant les autres. De toute façon, maman en a besoin pour le déjeuner.

Choisissez la réponse qui convient le mieux.

10. L'hôtel de ville? Prenez la première à droite, passez devant la pâtisserie. C'est le grand bâtiment rouge. Vous trouverez le maire au premier étage.
11. Est-ce que la pièce de Shakespeare vous a plu hier soir?
12. Quel joli petit bateau! Regarde, le monsieur qui est assis là-dedans pêche à la ligne. Ah! il a attrapé quelque chose! Vois-tu ce que c'est?

TEST 20

The passage and questions in this text refer to the alternative answers on page 68

Mon frère Michel et moi, nous sommes entrés dans la cour et nous nous sommes assis sur un banc de pierre pour nour reposer un peu. Je n'avais jamais vu une telle maison: elle était si vieille et pourtant si imposante.

Soudain la porte s'est ouverte et une jeune fille élégante a paru, suivie d'un petit chien brun qui a commencé à aboyer en nous voyant. Nous nous sommes levés.

"Tais-toi, Hector!" a-t-elle dit d'un ton brusque. "Il faut lui pardonner, Messieurs. Il est toujours méchant quand il rencontre des gens qu'il ne reconnaît pas. Mais il est encore assez jeune et il a beaucoup de choses à apprendre."

A la main gauche elle tenait un paquet et plusieurs lettres. "Êtes-vous venus examiner la maison?" nous a-t-elle demandé. Je serai bientôt de retour, mais je dois mettre ce paquet et ces lettres à la poste d'abord. Entretemps, vous aimeriez peut-être vous promener un peu autour du jardin."

Après nous avoir quittés, elle s'en est allée rapidement vers la poste, le chien courant devant elle. Au lieu d'accepter son invitation, nous nous sommes rassis. Tout était si tranquille ici; et, d'ailleurs, nous étions très fatigués.

1. Pourquoi Michel et son frère se sont-ils assis?
2. Comment était le chien?
3. Pourquoi est-ce que le chien a aboyé?
4. Qu'est-ce que la jeune fille va faire?
5. Qu'est-ce qu'elle a invité Michel et son frère à faire?
6. Est-ce qu'ils ont accepté l'invitation?

Où sont les personnes qui parlent?

7. Voulez-vous ouvrir vos valises, s'il vous plaît? Vous avez acheté des montres en Suisse?

Qui parle?

8. Vanille? chocolat? fraise? Bien, mon petit, ça fait un franc. Oui, il fait chaud aujourd'hui.

Quand est-ce qu'on parle?

9. Bonjour, Madame. Je vous sers du pain, du beurre, de la confiture et des croissants? Ça va? Du café?

Choisissez la réponse qui convient le mieux.

10. Regardez picorer les poules, mes enfants. La basse-cour en est remplie. Allons chercher les oeufs. Qui veut un oeuf à la coque?
11. Oh, je suis si fatigué! Et je me suis foulé la cheville en courant après mon chien. Ça me fait mal.
12. Ce café est trop fort pour moi. Est-ce que tu n'aurais pas pu commander un crème?

ANSWERS

TRANSLATION EXERCISES

1. C	14. C	27. A	39. C
2. B	15. C	28. C	40. B
3. C	16. C	29. B	41. D
4. C	17. B	30. C	42. A
5. C	18. D	31. D	43. D
6. B	19. A	32. B	44. B
7. A	20. D	33. B	45. D
8. C	21. A	34. C	46. B
9. B	22. C	35. A	47. B
10. C	23. B	36. B	48. C
11. B	24. B	37. B	49. B
12. C	25. D	38. A	50. C
13. B	26. B		

READING COMPREHENSION TESTS

QUESTION NUMBER	TEST	1	2	3	4	5	6	7	8	9
	1.	C	D	C	C	B	B	B	B	C
	2.	A	B	B	B	B	A	D	B	A
	3.	C	C	D	A	A	C	B	D	D
	4.	A	A	A	C	C	A	B	C	C
	5.	C	B	B	B	B	C	B	B	B
	6.	B	C	D	D	D	B	D	C	A
	7.	A	D	C	A	B	D	C	A	C
	8.	C	B	B	B	C	B	C	C	B
	9.	C	C	D	C	B	C	B	C	C
	10.	A	A	A	C	C	C	D	A	D
	11.	C	C	C	B	A	C	A	C	B
	12.	C	C	D	B	B	C	B	B	A
	13.	C	B	B	C	B	B	A	B	D
	14.	D	B	C	C	B	D	A	A	C
	15.	C	C	C	B	D	C	D	D	C
	16.	B	C	A	C	B	B	C	B	B
	17.	B	A	C	B	C	D	B	D	A
	18.	B	D	D	B	C	C	C	D	C
	19.	B	–	C	B	D	D	C	B	B
	20.	B	–	–	B	B	–	–	B	–
	21.	C	–	–	–	–	–	–	B	–

LISTENING COMPREHENSION

TEST	10	11	12	13	14
1.	C	B	B	B	A
2.	A	A	A	A	B
3.	D	D	C	C	D
4.	B	B	B	D	B
5.	C	A	D	C	D
6	C	B	C	C	B
7.	D	A	B	B	C
8.	B	C	B	B	B
9.	C	C	C	C	B
10.	C	C	D	B	A
11.	B	D	C	B	B
12.	A	C	D	D	C
13.	B	C	B	C	—

QUESTION NUMBER

TEST	15	16	17	18	19	20
1.	B	D	B	C	C	C
2.	D	C	C	B	C	B
3.	D	B	D	B	B	B
4.	C	A	B	A	D	C
5.	A	C	B	C	B	C
6.	C	B	B	B	A	B
7.	C	A	A	B	C	D
8.	D	B	D	B	B	B
9.	B	A	B	C	B	B
10.	D	C	B	A	C	D
11.	A	B	C	B	B	D
12.	B	C	—	B	D	C
13.	—	—	—	—	—	—

QUESTION NUMBER

NOTES

CELTIC REVISION AIDS

An extensive range of study and revision material which may be used by students while preparing for a wide range of examinations. The material is designed such that the student can use it on his own and requires no supervision or guidance. It can be used equally well in a classroom or in the student's own home. The material can be used as part of a programmed revision course or as a last minute 'brush-up' on essential facts and examination techniques.

Series available are:

Model Answers A series aimed at GCE O Level, CSE, RSA and 16+ level examinations. Typical examination questions are presented and suggested answers are given. This series helps the student to remember essential facts and the best methods of presenting them in examination conditions.

Subjects covered in this series are: Julius Caesar, Macbeth, Romeo and Juliet, The Merchant of Venice, Essay Writing, Precis Writing, Mathematics, Physics, Chemistry, Biology, Human Biology, Commerce, Economics, and British Isles Geography.

Worked Examples A series with the same basis as the Model Answer series, but aimed at the GCE A Level and similar examinations. Subjects covered in this series are: Pure Mathematics, Applied Mathematics, Chemistry, Physics, Biology, Economics, Sociology, British History, and European History.

Multiple Choice O Level Multiple choice questions are a very important part of the examination requirements for GCE O Level and CSE. This series provides batteries of common questions and is also a very good way of revising essential facts. Subjects covered in this series are: English, French, Mathematics, Modern Mathematics, Chemistry, Physics, Biology; Human Biology, Commerce, Economics, and British Isles Geography.

Multiple Choice A Level Objective tests are now an important part of most A Level examinations. This series presents batteries of common questions and is also an excellent way of revising essential facts. Subjects covered in this series are: Pure Mathematics, Applied Mathematics, Chemistry, Physics, and Biology.

Test Yourself A series of pocket books designed for the revision of essential facts whenever the student has a free moment. Subjects covered in this series are: English Language, French, German, Commerce, Economics, Mathematics, Modern Mathematics, Chemistry, Physics, Biology, and Human Biology.

Celtic Revision Aids can make the difference between passing or failing your examinations.